(Über-)Leben als Backpacker

- Geschichten einer Weltreise

Nic Lähnert

(Über-)Leben als Backpacker

Geschichten einer Weltreise...

Bibliografische Information der Deutschen Nationalbibliothek:
Die Deutsche Nationalbibliothek verzeichnet diese Publikation in der Deutschen Nationalbibliografie; detaillierte bibliografische Daten sind im Internet über http://dnb.dnb.de abrufbar.

© 2015 Nic Lähnert

Illustration: **Nic Lähnert**

Herstellung und Verlag: BoD – Books on Demand, Norderstedt

ISBN:978-3-7392-7613-7

Für meine Mutti und Katrin

Inhaltsverzeichnis

Einleitung..9
Der Beginn von 87 Tagen Weltreise............10
Was man auf Reisen WIRKLICH braucht?..15
Hostel oder Disco?.................................19
Fliegen in Australien................................26
Hostel Auckland – Was ist wichtiger, Luft oder Schlaf?..30
Nur eine Straße!?....................................35
Wandern, Surfen, Curling, Fahrradfahren...= Sport..38
Zum Strand in Los Angeles...................49
Wie gut ist Dein Überlebensinstinkt?,,,,,,,,,,53
Was in Las Vegas passiert = bleibt in Las Vegas! (Oder auch nicht ;))......................61
Duschst du schon? Oder suchst du noch?..71
Im Fernbus durch Amerika.....................76
Der Ausflug zu den Red Woods bei Eureka.80
Abstecher nach Kanada..........................89
Ankunft in Schweden...............................93
Midsommar in Stockholm.........................99

Essen auf Reisen – Was sind die Grundnahrungsmittel?....................106

45 verschiedene Schlafstellen und 45 Mal neu packen..................................115

Das Waschverhalten als Backpacker..........123

Landschaft, Natur und (Groß-) Städte......129

Andere Länder – andere Sitten................138

Technik unterwegs: Internet, Wifi, Handy, Smartphone, i-Pad..................................144

Zeitvertreib...153

Geld..160

Glück..165

Was mir alles gefehlt hat.......................170

Günther...175

Mitbringsel..178

Zusammenfassung / Statistik................185

Danke...188

Mails an Alle..192

Einleitung

„Wenn einer eine Reise tut, dann kann er was erzählen." Ich habe schon mehrere Reisen unternommen und möchte in diesem Buch, in Kurzgeschichten, von einer der aufregendsten und schönsten erzählen. Es sind viele Erlebnisse einer 3 monatigen Weltreise, die ich 2013 zusammen mit meiner guten (Reise-) Freundin Hannah erleben durfte.

Es gab tolle, verrückte, glückliche, nervende, traurige und viele unvergessliche Erlebnisse. Mit diesem Buch möchte ich euch daran teilhaben lassen. Vielleicht plant ja auch ihr so eine Reise oder habt selber schon mal ähnliches erlebt. Oder vielleicht seid ihr auch nur neugierig. Egal warum ihr diese Zeilen lest, ich hoffe sie unterhalten euch gut und ihr bekommt Lust auf mehr. Mehr vom Leben, mehr vom Reisen, mehr von Allem. Traut euch! Auch wenn es viel Kraft, Nerven und Geld kostet, ES LOHNT SICH. Und die Erfahrungen, die Erlebnisse, die Menschen die ihr kennenlernt, die Selbstfindung, all das ist unbezahlbar.

*alle Namen sind geändert

Der Beginn von 87 Tagen Weltreise

Der Wunsch nach einem längeren Auslandsaufenthalt war bereits lange in mir. Ich bin in meinem Leben schon ziemlich viel rumgekommen und habe einige Reiseerfahrungen sammeln dürfen. Wenn man ein Mal damit angefangen hat, dann kann man nicht mehr damit aufhören. Immer wieder über kommt mich das Fernweh und die Lust, fremde Länder und Kulturen zu entdecken. Das ich allerdings den "Weltreiseplan" mal umsetzen könnte, das war schon etwas Tolles. Vor allem wurde es recht spontan entschieden.

Im Oktober des Vorjahres waren Hannah und ich zusammen in unserem 4. Urlaub in New York und der Ostküste Kanadas unterwegs. Da überlegten wir schon, was wir nach Afrika, Mallorca, Brasilien und nun Kanada als Nächstes sehen wollten. Es gab so viele Ziele, die uns interessierten. Ich erzählte ihr von meinem Plan, dass ich im nächsten Jahr ein paar Monate Auszeit vom Job nehmen wollte und im Ausland arbeiten, aber vor allem reisen wollte. Sie war sofort begeistert. Im Dezember gingen wir in ein Reisebüro in der Nähe, um uns zu informieren. Das Datum der Reise stand nun fest, wir hatten uns auf 3 Monate (April-Juni

2014) geeinigt. In über 4 Stunden schmiedeten wir, in einer ausführlichen Beratung, unseren Weltreiseplan. Ein Mal um die Welt, in 87 Tagen. Es war so aufregend, so unfassbar, was wir alles in die 3 Monate rein packten. Der Start sollte in Australien sein, da vorher Asien nicht machbar wäre. Aber Asien war uns nicht so wichtig, so begannen wir 3 Wochen in Australien. Dann sollten 4 Wochen Neuseeland folgen, 4 Wochen USA und zum Abschluss wollte ich gern "Midsommar" in Schweden feiern, da es mein Geburtstag ist. Die großen Länder wollten wir bei geführten Touren entdecken. So kommt man viel, schnell und sicher rum. Wir wollten so viel wie möglich sehen und eine gute Mischung von geführten Touren und selber Erkunden haben. Also planten wir auch 2 Wochen in den USA ein, wo wir noch nichts fest buchten. Nach den Stunden im Reisebüro rauchte mein Kopf und ich war noch nicht ganz sicher, ob das alles so sein konnte. Vor allem aber schreckte mich das auf der Rechnung ab. Mein Limit war eigentlich schon bei Neuseeland erreicht. So baten wir noch um ein paar Tage Bedenkzeit. 4 Tage später lief aber das Angebot ab und so mussten wir uns schnell entscheiden, sonst würden wir noch mindestens 1000 Euro mehr bezahlen.

Also gingen wir, nach vielen Gesprächen, Rechnungen und Überlegungen wieder ins Reisebüro und buchten die Reise Ende Dezember fest. Wahnsinn, jetzt gab es kein Zurück mehr.

Das Abenteuer "in 87 Tagen ein Mal um die Welt" konnte starten. Viele Vorbereitungen kamen nun auf uns zu. Nicht nur die Reise musste gut geplant werden, auch das Berufliche, die Versicherungen und das Familiäre musste geregelt werden. Schließlich ging das Leben ja auch in Deutschland (für uns nach der Reise) weiter. Das war gar nicht so einfach, aber wir waren zu zweit und auch unsere Familien und Freunde haben uns gut bei den Vorbereitungen unterstützt. Danke noch mal dafür. Ohne ein paar helfende Hände hätte ich das in den 3 Monaten vor Beginn nicht hin bekommen.

Wenn ihr so eine Reise plant, dann seid euch darüber im Klaren, es gibt immer etwas, was ihr vergessen werdet. Vielleicht ist es ein Labello, der Rasierer oder etwas anderes. Bei uns war es etwas sehr wichtiges. Es ist mir bis heute ein Rätsel, wie wir das Vergessen konnten, bzw. ob wir das überhaupt mal gewusst haben, um es zu vergessen. Wir kamen am Flughafen in Berlin an. Waren voller Vorfreude. Gingen an den Schalter unserer Fluggesellschaft, legten den Reisepass und das Ticket vor. Nach kurzer Prüfung sah die Flugbegleiterin uns an und fragte nach dem VISUM für Australien. Wir beide schluckten und sahen uns fragend an. EIN VISUM FÜR AUSTRALIEN? Wir hatten eins für die USA, dass wussten wir, ABER Australien. In mir ging ein furchtbares Kopf-Kino los. Es waren nur Sekunden, aber ich sah den Film mit Tom Hanks vor mir. Ich stellte mir vor, wie unsere Reise noch vor dem eigentlichen Start zu Ende war. "Terminal", für 3 Monate gestrandet auf dem Berliner Flughafen. Wir erklärten, dass wir kein Visum für Australien hatten und es nicht wussten. Die Frau verstand das nicht. Wir auch nicht. Was nun? Zum Glück gab es ein paar Schalter weiter einen Servicepoint von der Fluggesellschaft, wo man ein Visum schnell "nachbuchen" konnte. So schleppten wir uns und unsere schweren Rucksäcke ein Mal durch den ganzen Flughafen und wurden auch schon mit den Worten erwartet: "Ihr seid die Mädels, die ein Visum brauchen?". Toll, die machte sich über uns lustig. Egal, wir füllten schnell ein paar Zettel aus und bezahlten mit VISA (die Freiheit nehm ich mir) die je 40 Euro für das Visum. Meine

Güte, das war echt knapp. Das wäre es gewesen. Alles bis ins Kleinste geplant und dann gestrandet am Flughafen in Deutschland. Das ging zum Glück noch mal gut. So konnten wir dann auch richtig einchecken und ohne Probleme nach Australien fliegen.

Also macht euch nicht so einen Kopf, es geht immer irgendwie weiter. Das Wichtigste ist der Reisepass und ein Zahlungsmittel, dann kommt ihr fast überall hin.

Was man auf Reisen WIRKLICH braucht?

Es kommt immer darauf an, in welches Land und zu welcher Jahreszeit man verreist. Aber grundsätzlich gibt es Dinge, die auf keiner Reise fehlen sollten (meiner Meinung nach).

Wichtig ist vor allem ein gültiger Reisepass, der muss noch mindestens 6 Monate nach Reiseantritt gültig sein, auch wenn Ihr nur 3 Wochen verreist. Euer Impfausweis könnte in einigen Ländern auch wichtig sein, besonders wenn es geforderte Reiseimpfungen für das Land gibt. Informiert Euch auch ob ein VISUM nötig ist! Beim Geld empfehle ich Bargeld in kleinen Scheinen und eine Kreditkarte. Dazu aber später mehr.

Dann sind natürlich die Reiseunterlagen wichtig. Dazu gehören wichtige Dokumente der Reiseveranstalter, mit Notruf-Telefonnummer, Hoteladresse und Shuttle-Service. Außerdem sind Flugtickets, Bahntickets und Bustickets nicht zu vergessen.

Das sind schon mal die Dinge, die UNBEDINGT vorhanden sein müssen:

- gültiger Reisepass

- VISUM
- Geld, Kreditkarte
- Reiseunterlagen = Tickets
- in manchen Ländern ist der Impfausweis Pflicht oder eine Bescheinigung über eine Auslandskrankenversicherung

Alles Andere ist Zusatz und erleichtert das Reisen (nicht vom Gewicht, aber den Alltag).

Wettergerechte Kleidung ist natürlich auch wichtig, aber wenn da was fehlt, gibt es in den Ländern meist Geschäfte mit den wichtigsten Kleidungsstücken. Es ist immer gut, ein paar Wechselsachen im Handgepäck zu haben, besonders wenn man oft umsteigen muss oder lange Strecken fliegt. Für den Fall, dass das Gepäck verloren geht oder nicht rechtzeitig da ist, so habt ihr wenigstens einen Wechselschlüpfer. Was ich als wichtig empfinde und mir Sicherheit gibt, ist eine Adressenliste mit allen wichtigen Adressen. Da stehen meine Lieben drauf (denen ich Postkarten schreibe), meine Ärzte, meine Versicherungen, mein Reisebüro oder Reiseveranstalter, meine Bank und die Adressen von deutschen Botschaften in den jeweiligen Ländern (besonders außerhalb der EU). Das gibt mir mehr Sicherheit und im Notfall (ich hatte zum Glück noch keinen) habe ich alle Nummern und Ansprechpartner dabei.

Was ich auch immer mit dabei habe:

- eine Taschenlampe
- Mückenschutz
- Sonnenschutz
- Ohropax
- Taschentücher
- eine kleine Erste-Hilfe-Tasche
- Wörterbuch

Aber die EIGENTLICHEN DINGE, die auf einer Reise nicht fehlen dürfen, sind MENSCHLICHE

EIGENSCHAFTEN. Ganz wichtig ist Geduld!!! Wer keine Geduld hat, der kommt in vielen Ländern an seine Grenzen. Die deutsche Pünktlichkeit, die Ordnung und die Einstellung muss man in vielen Ländern einfach ablegen. Man braucht gute Nerven um in Stresssituationen und bei unplanmäßigen Vorkommnissen nicht die Fassung zu verlieren. Gelassenheit, Ruhe und das Vertrauen, dass ALLES gut wird, ist von Vorteil. Selbstvertrauen ist wichtig und Spontanität sowieso! Menschenkenntnis und ein gesunder Überlebensinstinkt sind notwendig, um Situationen richtig einschätzen zu können, Gefahren zu erkennen und seine Grenzen zu kennen.

Hostel oder Disco?

Die erste Nacht in Australien war ein echtes Erlebnis und die schlimmste der ganzen Reise. Nach 28 Stunden unterwegs und einem 10 Stunden Jetlag kamen wir in Melbourne an. Ein Taxi brachte uns mitten in der Nacht vom Flughafen zum Hostel. 0:10 Uhr kamen wir an. Der Taxifahrer ließ uns aussteigen und wir waren irritiert. Eine hohe Wand mit dem Namen unserer gebuchten Unterkunft stand vor uns. Aber wo war das Hostel? Kein Fenster, kein Eingang zu sehen. Das Taxi fuhr weg und wir standen vor der Wand. Ein paar Meter von uns entfernt war ein Eingang. Es standen viele Menschen davor, es gab einen Türsteher und eine Art Absperrband. Es kam ohrenbetäubender Lärm bzw. Discomusik aus dem Eingang.
Wir dachten es sei eine Disco. War es vielleicht eine Verwechslung? Aber wir sahen nicht aus, als wollten wir so fertig und bepackt in die

Disco. Oder? Allerdings musste ja auch irgendwo unser Hostel sein. Nach langem Überlegen gingen wir zum "Discoeingang" und der Türsteher fragte uns gleich, ob wir einchecken möchten. Fragend sahen wir uns an. Es war tatsächlich unser Hostel. Er öffnete uns die versteckte Tür und so standen wir gleich vor der Rezeption. Wir bekamen unsere Zimmerkarte und eine kurze Wegbeschreibung dahin.

Ok, Zimmer suchen. Wir wollten so viel Geld wie möglich sparen und so buchten wir für die erste Nacht ein 10- Bett-Zimmer. Für eine Nacht sollte das doch gehen. Falscher Gedanke, erst Recht, wenn man mitten in der Nacht ankam und im Dunkeln seine freien Betten suchen muss.

Nun standen wir 0:30 Uhr vor der Zimmertür. Völlig k.o., jeder mit 28 kg Gepäck und einfach nur eine Dusche und ein Bett suchend. Langsam öffneten wir die Tür. Stockdunkel. Schnarchen. Tür wieder zu. Und nun?

Ok, erst mal ein Bad suchen. Auf dem Gang war keines zu finden. Ein Hostelianer kam angetrunken an getaumelt. Er meinte, dass das Bad im Zimmer sei. Daran konnte er sich noch erinnern, in seinem Zustand. Was uns aber wieder vor die Frage stellte, was wir nun machen sollten. Es wäre sicher völlig daneben, wenn wir einfach rein platzen würden, das Licht an machen und erst mal alles suchen müssten. Also zuerst die Taschenlampe aus dem Rucksack wühlten. Juhu, gefunden.

Unsere Rucksäcke ließen wir erst mal auf dem Gang stehen. Leise schlichen wir mit dem erbärmlichen Licht der kleinen Taschenlampen in das Zimmer und suchten 2 freie Betten. Ein freies Bett war gleich neben der Zimmertür zu erkennen. In den anderen lagen überall Sachen, oder es schnarchte. Sch*** Und nun? Raus. Im Gang waren nun noch mehr Betrunkene, die vor sich hin grölten und lustige "Partypeople". So ganz waren wir immer noch nicht von der Sache überzeugt, aber was sollte es. So packten wir unser Zeug und schlichen zurück ins Zimmer, wir stellten unsere Rucksäcke neben das freie Bett, gingen kurz in das ekelige Bad und legten uns dann, in 3 Tage alten Klamotten, in das eine freie Bett. Kopf und Füße je an einer Seite. Es war, unbequem, eng, die Geräusche der Schlafenden und der "Partypeople" waren alles andere als toll, aber so waren die Gerüche (wir stanken ja beide gleich) noch das Erträglichste. In der Nacht kamen noch 2 andere Zimmergenossinnen herein. Sie waren auch

Deutsche und kamen wahrscheinlich aus der hauseigenen Disco. Die waren aber nicht so rücksichtsvoll wie wir, sie machten Licht und waren ziemlich laut. Sie wunderten sich, dass zwei in einem Bett lagen und grübelten, ob wir Mann und Frau oder 2 Frauen oder 2 Männer waren. Es war irgendwie lustig und ich musste mir das Kichern verkneifen. Ich wollte nicht, dass sie mitbekamen, dass ich wach war.

Als wieder halbwegs Ruhe einzog, war wieder alles zu hören. Irgendeiner drehte sich immer oder schnarchte plötzlich los. Am frühen Morgen gingen 3 Leute, wie es klang reisten sie an diesem Tag ab. Ich habe in dieser Nacht KEIN Auge zugetan. Die Geräusche, die enge "Schlafsituation", die Sorge um meine Sachen und die Lautstärke, das war einfach zu viel.

Ich war so froh, als wir um 9 Uhr das Zimmer verließen und auschecken konnten. Allerdings checkten wir gleich wieder ein, da unsere Tour von diesem Hostel aus startete und die erste Nacht auch hier zu verbringen war.

Das neue Zimmer war erst ab ca. 12 Uhr zu beziehen, so verbrachten wir den Tag vor dem Hostel, mit einem kleinen Spaziergang zum Strand und in der Hostellobby. Es war regnerisch, bewölkt und so um die 18 Grad. Wir waren fix und fertig, müde, hatten Schlafdefizit und waren immer noch ungeduscht. So entfernten wir uns nicht weit vom Hostel.

Gegen 12 Uhr konnten wir dann in das neue Zimmer einziehen. Es hätte können so schön sein. Eine Dusche, ein Bett für jeden und mal wieder Klamotten wechseln. Es HÄTTE KÖNNEN.

Unsere Hoffnung wurde jäh zerschlagen. Wir öffneten die Tür. Eine junge Frau saß auf einem der Doppelstockbetten, in einem 8-Bett-Zimmer.Es sah aus als hätte eine Bombe eingeschlagen. Überall lagen Sachen, Dreck, Müll, Essensreste und Klamotten rum. In der Ecke stand sogar ein halb gepackter Backpacker-Rucksack, Krücken, eine Waschtasche mit Hygieneartikeln lag rum, ein Badetuch, Duschbad... Alles im Zimmer verteilt. Oh je, wo waren wir hier gelandet? Die junge Frau versicherte uns, es sah schon so aus, als sie das Zimmer betreten hatte. Da sie einen recht ordentlichen Eindruck machte, glaubten wir ihr.

Kurz darauf kam noch eine junge Frau dazu. Wir beschlossen zusammen zur Rezeption zu gehen und uns zu beschweren. Die sollten das Chaos beseitigen, deshalb hatten wir ja auch bis 12 Uhr gewartet.

Der Mann an der Rezeption meinte, dass man das Chaos sicher beseitigen könnte, es aber noch etwas dauern würde. So etwa 2 Stunden!!!

Wir waren verzweifelt und uns blieb ja nun nichts anderes übrig, als zu warten. Im Zimmer warteten wir also auf den Putztrupp. Nach 3 1/2 Stunden kam dann auch endlich jemand. Es dauerte etwa 30 Minuten, bis es halbwegs ordentlich im Zimmer aussah. Aber das Bad sollte erst später gereinigt werden. Egal, ich packte meine Sachen aus und ging nach über 50 Stunden endlich duschen. Nach meiner Dusche kam dann das Putz-Team und machte das Bad sauber.

Was für ein Start in Melbourne. Es konnte nur noch besser werden.

Fliegen in Australien

Im Outback von Australien gab es so viel zu sehen. Die Landschaften, die Steingebilde, der rote Sand, die kahlen Sträucher... So viele schöne Dinge. ABER leider wurde unsere Aussicht auf unheimlich beeindruckende Naturbilder ständig gestört. Immer wenn man aus dem Auto stieg, prallte die glühende Luft auf die Haut und im selben Augenblick kamen die lästigen schwarzen Flugobjekte. Es war unfassbar. So was habe ich vorher noch nicht erlebt. Klar hab ich schon oft Fliegen gesehen. Und hin und wieder hat mich auch eine zur Weißglut gebracht. Es waren auch mal 2 oder 3 im Garten, beim Frühstück. Aber so viele auf ein Mal, dass war mir neu. Es waren gefühlte 35 Billionen. ÜBERALL. Bei allen Körperöffnungen versuchten sie ihr Glück. Das ruhige Naturvergnügen war gestört. Ich wollte nur die Aussicht genießen, doch das ging NICHT. Jedes Mal wenn ich aus dem Bus stieg waren sie sofort da. Sie flogen um uns herum. Es half alles nichts.

Einige kauften sich ein Fliegennetz für den Kopf. Ich versuchte es mit einem Schaltuch, das ich mir um den Kopf und das halbe Gesicht wickelte. Dann die Sonnenbrille und das Tuch auch als Kopfschutz. Hannah versuchte es ebenso mit Tuch. Wir sahen aus wie Verbrecher. Aber keine Chance. Die lästigen Biester krochen unter den Schal und unter die Sonnenbrille. Hoffnungslos. Es summte, krabbelte und NERVTE die ganze Zeit. Da konnte man um sich schlagen wie man wollte. Wir hatten komische Zuckungen, aber es ging uns ja allen so. Sonst hätte man ein paar Wenige wahrscheinlich für verrückt gehalten. Leider hatten auch die Leute mit einem Netz keine Ruhe und zudem staute sich ebenso die warme Luft unter dem Netz, so war es nicht nur stickig und klebrig, sondern auch noch unnütz.

Selbst wenn wir schnell wieder in den Bus sprangen, da waren wir leider auch nicht ungestört. Es kamen immer mindestens 2 Fliegen pro Mensch mit hinein. Was bei 15 Leuten nicht wenig waren. Wir hatten mehrere Pausen, in denen wir den Bus verließen. So kam es, dass die Fensterscheiben im inneren des Busses von Fliegenflecken gezeichnet waren. Denn wenn sie es in den Bus geschafft hatten, mussten sie weg. Und da sie nicht freiwillig nach draußen flogen, sondern so nur noch mehr in den Bus gekommen wären, mussten wir leider andere Mittel finden. Nun hatten sie in der Kapsel keine Chance.

Die Fliegennerverei dauerte etwa 5 Tage. Lange Tage. In den Nächten war es besonders schlimm. Bevor wir das Licht in unseren einfachen Unterkünften ausschalteten, war der Blick in den Raum unvermeidbar. Zumindest wenn man ein paar wenige ruhige Stunden haben wollte. Und die brauchten wir unbedingt. So stieg ich mit einem Badeschuh auf mein Bett und sah mich um. Sobald ich ein Flugobjekt ausfindig machen konnte, wurde es eliminiert. Was sollte ich tun? Sobald ich das Fenster geöffnet hätte, wären mindestens 10 weitere Fliegen im Raum gewesen. Hinzu kam, dass man in den meisten Unterkünften die Fenster gar nicht richtig öffnen konnte. Oder sie hatten ein Fliegengitter, was von der anderen Seite durchaus sinnvoll war.

Ich bin nicht für die harte Tour, aber es ging nicht anders. Zu Hause habe ich einen "Schnappi" für sowas, aber der hat nicht ins Gepäck gepasst. Also wenn ihr mal ins Outback von Australien kommt, nehmt einen guten Fliegenschutz mit! Ihr werdet ihn brauchen.

Hostel Auckland - Was ist wichtiger, Luft oder Schlaf?

Unser Hostel in Auckland war eine Geschichte für sich. Zuerst mal war das Hostel in einem höheren Haus, ab dem 6. Stock. Als wir den Eingang, den Fahrstuhl und die Rezeption gefunden hatten, gingen wir in unser Zimmer. Es befand sich im 7. Stock und war am Ende vom Gang gelegen. An sich ein ganz durchdachtes Raumkonzept. Zwei Betten, eine Ecke mit Kühlschrank und ein kleines Bad mit Dusche und Schiebetür. Auch ein Flachbildfernseher war an der Wand neben der Badtür. Die Wandfarbe, ein dunkles Rot, und die dunkelgrauen Vorhänge machten den Raum auch ganz gemütlich. Das Einzige, was den Charme des Zimmers störte, war die Belüftung. Es war nicht möglich die Fenster im 7. Stock zu öffnen. Daher hatte sich ein schlauer Ingenieur etwas "Tolles" überlegt. Unter den Fenstern wartete die nervige Überraschung. Eine Belüftungsanlage die 24 STUNDEN lief. Direkt an den Betten, wo das Kopfende vorgesehen war. Das hieß, den ganzen Tag und die ganze Nacht summte es über unseren Köpfen und ein leichter Windzug war zu spüren. Wir hatten 7 Nächte in diesem Hostel gebucht.

Die erste Nacht waren wir noch irgendwie k.o. und schliefen eigentlich ganz gut. Aber es war echt nicht so einfach. Und dann wurde es jede Nacht schlimmer. Dieses Summen und der Luftzug waren sehr unangenehm und störten in der Nacht wirklich extrem. Wir gingen an die Rezeption. Aber auf die Frage, ob man diese Anlage nicht in der Nacht ausschalten kann, kam die Antwort, dass das nicht geht, wegen der Luftzirkulation. Juhu, also da wir in der Nacht ja nicht ersticken wollten, mussten wir die Geräusch- und Luftbelästigung wohl ertragen. Wobei ich mir schon in ein paar schlaflosen Stunden die Frage stellte, was wohl schlimmer wäre. Es war die Frage - Schlafen oder Ersticken. Naja, da ich die Reiseberichte nach der Reise geschrieben habe, könnt ihr Euch denken, wofür ich mich entschieden habe.

Es dauerte nicht nur ewig, bis wir zur Ruhe kamen, wir waren auch mitten in der Nacht oft noch wach. Immer wenn eine von uns ins Bad verschwand und die andere dann gleich danach ging, war klar, wir waren beide wach und konnten nicht schlafen. So kam es, dass wir uns Dinge überlegten, wie wir zum Schlafen kommen könnten. Zuerst versuchten wir es mit Fernsehen. Aber das war eine blöde Idee, bei dem Programm und durch die Helligkeit war das auch nicht das Richtige. Dann erzählten wir uns was. Wir zählten Schafe (jede für sich). Und als das Alles nichts brachte, versuchten wir es mit Sport. Hüpfen, Hampelmann, auf der Stelle rennen und so weiter. Aber auch das blieb erfolglos. Schlafen blieb Luxus und wenn wir dann doch mal vor Erschöpfung eingeschlafen waren, dann war das schon am frühen Morgen. Was dazu führte, dass wir erst gegen Mittag wieder "wach" waren und nicht viel unternahmen. Das war an sich auch gar nicht so schlimm. Auckland war jetzt nicht die schönste Stadt auf unserer Reise. Es war der erste Stopp in Neuseeland und wir hatten noch 4 Wochen vor uns. Das Geld war knapp und wir brauchten nach Australien eine Ruhephase. Also alles doch nicht ganz so schlimm. Wenn man es sich einredet.

Für Eines war die Lüftung ganz praktisch. Wir verfluchten diese Anlage, aber für das Trocknen der Wäsche war sie ganz gut geeignet. Wir wuschen mit der Hand oder gönnten uns eine Wäsche, aber ohne Trockner. Und da die Lüftung wie ein Fensterbrett mit Schlitzen war, konnten wir die Sachen schön darauf platzieren. Das war im Raumkonzept bestimmt nicht vorgesehen, aber für irgendetwas musste das ja gut sein. Es sah nicht schön aus, uns störte es nicht und wir erwarteten keinen Besuch. Der Putzfrau haben wir mit dem Schild "Bitte nicht stören!" den Zutritt verweigert und so breiteten wir uns voll aus. Zwar dauerte die Trocknungszeit trotzdem zwei Tage, aber der Luftzug wurde etwas schwächer, das war wenigstens etwas Positives. Ein guter Nebeneffekt.

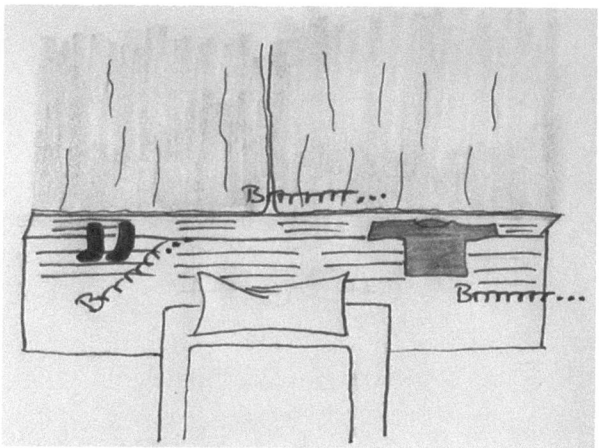

Wir waren froh, als die Tour in Auckland startete und wir aus diesem Hostel ausziehen konnten. ABER wir hatten noch die zwei letzten Nächte in diesem Hostel gebucht, weil wir wieder von

Auckland weiter reisten und noch für 2 Nächte eine Unterkunft brauchten. Und es kam wie es kommen musste. Nach 3 Wochen Tour kamen wir wieder im bekannten Hostel an und bekamen das selbe Zimmer wie beim letzten Mal. Es waren wieder zwei bescheidene Nächte, aber schon der Luxus vom eigenen Bad war uns da wichtiger. Man lernt die selbstverständlichen Dinge wirklich wieder zu schätzen.

Nur eine Straße!?

Bei unseren Touren kamen wir viel rum. Unter anderem fuhren wir in Neuseeland in einen kleinen Ort an der Küste. Es war ein sehr malerisches Örtchen umrandet von Bergen mit Schneekuppeln und dem tiefblauen Ozean.

Als wir in den kleinen Ort einfuhren erklärte unser Guide, dass auf der "Second Street" (der zweiten Straße) die Geschäfte seien. Um die Ecke und ein paar Meter weiter befand sich unser gemütliches Hostel. Es war eine niedliche Lodge aus Holz gebaut.

Am Nachmittag hatten wir Freizeit, um den idyllischen Ort zu erkunden. Also machten wir 2 uns auf den Weg, die "Second Street" und die Umgebung zu entdecken. Die paar Meter der Straße entlang, um die Ecke, vor dem Übergang, da standen wir plötzlich vor einer hübschen kleinen Galerie. Wir gingen hinein. Eine nette ältere Lady war dabei, einen Tonklumpen zu bearbeiten. Wir besichtigten die Töpferei. Die nette Lady begann zu erzählen. Sie war nervös, da sie am Nachmittag einen Zahnarzttermin hatte. Es folgte eine kurze angenehme Unterhaltung. Dann wollte sie wissen, wo wir her kamen und wo wir hin wollten.

Ich antwortete ihr freundlich, dass wir zur "Second Street" wollten. Da blickte sie uns verdutzt an. In ihrem Gesicht konnte man ein Fragezeichen erkennen. Wir wussten natürlich nicht, was daran so fragend war. Als ich hinzufügte, dass wir die Geschäfte suchten, antwortete sie nachdenklich: "Ich dachte wir haben nur eine Straße!?".

Nun sahen Hannah und ich uns fragend an. Schließlich waren wir ja die Touristen und haben nur das als Auskunft, was unser Guide uns erzählt hatte. Die Lady fügte hinzu, dass es nur die eine Straße gibt, die aber um die Ecke geht. Wir mussten alle 3 lachen. Dann verabschiedeten wir uns freundlich und gingen weiter die eine Straße entlang und um die Ecke, zu den Geschäften.

Natürlich erzählten wir das unserem Guide und lachten herzlich darüber. Was für ein lustiges und einfaches Örtchen Wieder was gelernt.

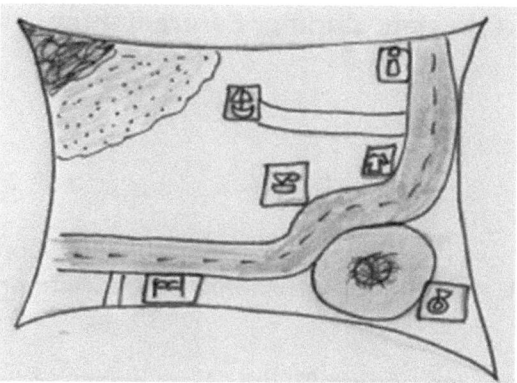

Wandern, Surfen, Curling, Fahrradfahren... = Sport

In den 12 Wochen habe ich so viel Sport gemacht wie fast in meinem ganzen Leben nicht.

Was soll ich sagen? Ich bin nicht völlig eingerostet, aber auch keine Sportskanone. Eigentlich hielt ich mich für ausreichend sportlich und war mit meiner Kondition ganz zufrieden. Durch meinen Beruf (Erzieherin) bin ich auch viel in Bewegung. Was mir als "Sport" völlig ausreicht. Ich versuche alles Mögliche zu Fuß zu erledigen und probiere Mal verschiedene Sportarten aus. Aber was in den 12 Wochen auf mich wartete... Hätte ich das vorher gewusst, ich weiß nicht, ob ich mich darauf eingelassen hätte. Mein Reiseplan war in Englisch und wegen Zeitmangel hatte ich nicht alles gelesen. Im Reisebüro wurde gesagt, dass die Touren nur bis 35 Jahre geeignet sind. Ich war zum Reisetermin 28 Jahre und daher dachte ich mir nichts dabei. Aber nur weil man unter 35 Jahre alt ist, heißt das NICHT, dass man auch für alle Aktivitäten GEEIGNET ist. Es war wirklich viel Sport dabei. Kajak paddeln, Fahrrad fahren, Surfen und Schwimmen im Meer sowieso.

In Neuseeland hatten wir eine Stunde Surfen dabei. Früh am Morgen gab es erst mal eine Yoga-Stunde am "Inspiration-Point". Der Ausblick auf den Ozean war unglaublich schön und auch wenn ich nicht so gelenkig bin, es hat Spaß gemacht. Dann folgte eine Stunde Trockenübung im Surfen. Da ich noch nie vorher auf einem Surfbrett stand, fand ich diese Übung sehr sinnvoll. Es war auch gar nicht so schwer, im Trocknen. Dann ging es an den Ozean. Neo-Anzug an und Surfbrett in die Hand. Auf ging es in die Wellen. Am Anfang waren es noch recht kleine Wellen, genau richtig zum Üben. Nach ein paar Versuchen und etlichen Wasserschlucken hatte ich es geschafft, 2 Sekunden zu stehen. Auf einem wackeligen hellblauen Surfbrett im Ozean. Ich habe echt gestanden. Dieser kurze Erfolg motivierte mich noch mehr, es immer und immer wieder zu versuchen. Tatsächlich hatte ich es noch 2 Mal für wenige Sekunden geschafft. Aber auch mein Salzbedarf für die nächsten Wochen war nach etwa 2 Stunden mehr als gedeckt. Ich trinke generell wenig, aber an diesem Tag war das unfreiwillig anders. Das Wasser hatte so eine Kraft, unglaublich. Die Wellen wurden immer höher. Völlig unbemerkt trieben wir immer weiter von der Startbucht ab. Ich hatte ein Band am Brett, was an meinem Knöchel befestig war und verhindern sollte, dass ich das Brett verliere. An sich eine ganz gute Idee, aber wenn man ins Wasser fällt, eine Welle das Brett erfasst und dir entgegen schleudert, da hat man keine Chance. Ich bekam das Brett ein Mal sehr hart in die rechte Seite und prellte mir die Rippen. Der Schmerz kam erst am Abend, aber er blieb fast bis zum Ende der Reise. Surfen war ganz lustig, aber ich habe zu viel Respekt vor dem Wasser, um es noch mal zu versuchen.

Kajak paddeln waren wir 3 Mal. Beim ersten Paddelausflug in Australien war alles super. Wir spielten vorher ein Spiel mit Paddeln und waren voll motiviert. Es war ein ruhiges Gewässer, ohne Gegenstrom und mitten auf dem Fluss stiegen wir nach ein paar Stunden auf ein Boot um. Die Landschaft am Ufer war grün und sehr schön. Ein wirklich entspannter Ausflug, mit viel Spaß.

Das letzte Mal in Neuseeland war das Schlimmste. Ich hatte vorher schon beschlossen, dass ich an diesem Ausflug nicht teilnehmen wollte, da ich mich nicht so fit fühlte und meine Rippen immer noch nicht 100% super waren. Zwar war es bei der Tour dabei, aber es war ja alles freiwillig. Auch Hannah hatte nicht so viel Lust darauf, da es schon als Paddeltour für 4 Stunden angekündigt war. Unsere Reiseleiterin Vroni redete auf uns ein. Es sei eine super schöne und nicht so anstrengende Tour. Mit viel Natur und Spaß. Und so hat sie uns irgendwie dazu gebracht, doch die lustigen Paddelkleidungsstücke anzulegen. SIE KAM NICHT MIT!? Schon da hätte ich aufmerksam werden müssen. Aber da war es zu spät. So hüpften wir in unser Kajak und paddelten den Guides hinterher. Der

Anfang war wirklich sehr entspannt. Immer ein paar Paddelzüge, dann die beeindruckende Natur genießen, Fotos machen, kurz mit den anderen Paddlern quatschen und wieder ein paar Paddelstöße. Bis dahin genoss ich diesen Ausflug sehr und war guter Dinge. Aber nach fast 2 Stunden mit dem Strom ging es plötzlich in die andere Richtung. HILFE!!! Nun war es mit Entspannung und Spaß vorbei. Wir waren eine Gruppe von 8 Kajaks mit je 2 Tourmitgliedern und 2 Kajaks mit jeweils einem Guide. Nun waren aber auch die Leute in den Kajaks kräftemäßig nicht so glücklich verteilt. Hannah und ich waren so mittelmäßig fit und dann eher genervt, als lustig drauf. Wir bekamen die Anweisung in der Gruppe zu bleiben. Es kam vor, dass 1 oder 2 Kajaks etwas länger brauchten, bis sie an die anderen ran kamen. Hannah und ich bemühten uns, in der Mitte zu halten, auch wenn es an unsere Grenzen ging. Gegen den Strom zu paddeln, in der Gruppe zu bleiben und dann aber noch das Tempo den Hinteren anzupassen, das war unmöglich. Zwar suchten wir uns manchmal eine Wurzel im Wasser, an der wir uns versuchten, fest zuhalten, damit wir nicht abtrieben, aber die Strömung war echt heftig. Wenn wir nur in unserem Tempo hätten durchziehen können, wäre das sicher auch nicht ganz so anstrengend gewesen, aber wir sollten als Gruppe zusammen bleiben und das kostete Kraft. Kraft die wir nicht hatten. Mit der steigenden Anstrengung sank unsere Laune. Wir sind ein ganz gutes Team, aber in dieser Situation wollten wir beide nicht mehr und wurden immer zickiger. Jede Kleinigkeit wurde kommentiert und wir jammerten uns gegenseitig die Ohren voll. Auch wenn es nichts brachte und wir versuchten alles zusammen zu nehmen, es war so unglaublich schwer. Trotzdem paddelten wir tapfer weiter. Aber ich ärgerte mich, dass ich nicht doch im Camp geblieben war. Außerdem war ich wütend auf Vroni, die uns eine entspannte und spaßige Tour versprach. Das war vorbei. Dabei hatte es doch so schön angefangen.

Nach insgesamt 5 Stunden kamen wir völlig k.o. am rettenden Ufer an. Es war schon in der Dämmerung und uns tat ALLES weh. Meine Rippen merkte ich immer mehr. Die Arme waren Pudding, die Hände hatten Blasen, die Beine waren von Sandfliegen zerstochen, der Kreislauf und die Laune waren im Keller. Aber wir hatten es ÜBERLEBT. Das letzte Kajak kam über eine Stunde nach uns an, im Dunkeln. Das war dann echt nicht mehr lustig, aber wir waren einfach nur noch froh und die Kraft für jegliche andere Aktivität war nicht mehr da.

Fazit dieser Paddeltouren. Es KANN Spaß machen und ist eigentlich eine schöne Sache, aber checkt vorher, wie die Strecke verläuft und ob ihr mit oder gegen den Strom paddelt!!!

Aber am häufigsten waren wir wandern. ICH war WANDERN. Obwohl ich viel zu Fuß mache, bin ich absolut keine Wanderin. Berg hoch und runter, in Schluchten absteigen und auf wackeligen Pfaden gehen. Ja, wenn man auf dem Berg angekommen ist, ist das ein Glücksgefühl, aber nach der 3. Bergbesteigung war das nicht mehr so spannend. Es war oft eine Qual. Bei über 25 Grad in Australien und bei unter 15 Grad in Neuseeland. Ok, der Ausblick war schon toll, aber es war fast immer das Gleiche. Berge, Steine, Bäume, Wasser und manchmal Nebel. Die Natur ist schon schön. Aber der Weg war heftig und irgendwie waren die anderen der Reisegruppen immer schneller als Hannah und ich!? Und es waren jüngere und ältere Leute dabei. Sogar eine Frau über 53 Jahre. Respekt!!!

Das Blöde war auch oft, dass wenn wir dann zur Gruppe dazu gestoßen waren und Pause machen wollten, sind die anderen schon wieder weiter gelaufen. Das motiviert nicht viel und frustrierte eher. Trotzdem haben wir es geschafft und auf dem Gipfel alles kurz genossen, schnell Fotos gemacht und sind wieder nach unten gewandert.

Die schönste Wandertour war auf dem Franz Josef Gletscher. Eine unwirkliche Welt aus Eis und Stein. Mit dem Helikopter ging es in über 3000m Höhe. Mein erster Helikopterflug, echt cool. Es war 3 Tage nach einer 19 Kilometer Wandertour auf einen Berg und 5 Tage nach dem Surfen. Es ging mir an diesem Morgen ziemlich schlecht. Meine Rippen, mein Kopf, Husten und andere Erkältungssymptome machten mir zu schaffen. Ich warf mir 2 Schmerztabletten ein und auch das aufsteigende Adrenalin (wegen dem Heliflug) half mir, wieder fit zu werden. So wurde es doch noch eine unvergessliche Erfahrung. 2 Stunden durch das Eis "hiken". Unser schnuckeliger Berg-Guide hüpfte auf seinen Eispickelschuhen durch das Eis und ich stakste hinterher. Ein ungewohntes Gefühl und irgendwie auch etwas beängstigend. Es gab Gletscherspalten und Pfützen aus Eiswasser. Es war glatt und das Eis splitterte manchmal ohne Vorwarnung. Selbst der Guide musste immer erst mal schauen, ob wir die Strecke lang laufen konnten, oder ob es einen Umweg gab. Irre. Anstrengend aber IRRE.

Nach dieser Wandertour im kalten Eis gönnten wir uns ein Bad in den heißen Thermalquellen, sooooooooo entspannend und wohltuend. Das war genau das Richtige.

Ja, also Wandern war und ist bis heute nicht meine Leidenschaft, aber es gehörte eben bei den Touren mit dazu. Und im Nachhinein sehe ich mir die Fotos sehr gerne an.

Auch eine Curling-Stunde in Neuseeland haben wir eingebaut. Das wollte ich schon immer mal probieren. Mit den 20 kg schweren Curlingsteinen auf der Eisfläche zu balancieren und das Wischen macht viel Spaß. Es war in der Halle zwar -5 Grad kalt, aber mit Handschuhen und in Bewegung ging es. Und als wir raus kamen waren es 5 Grad, also voll warm. Wenn ihr die Chance habt, Curling zu probieren, TUT ES!!! Das macht mit den richtigen Leuten echt riesen Spaß.

Gleich danach ging es auf Fahrradtour. 30 Kilometer mit Steigungen, durch dunkle Tunnel, über Bretterbrücken und auf Schotterpisten. Ich fahre nicht viel Fahrrad, das merkte ich auch. Der Anfang war noch ganz ok, aber schnell begannen die Kräfte zu schwinden. Der Versuch, in der Gruppe zu bleiben, scheiterte kläglich. So fuhren Hannah und ich wieder hinterher. Ich wollte es genießen und war ja nicht bei einem Radrennen. So ließen wir uns eben Zeit. Wir waren ja auch im Urlaub. Die Landschaft, die Stille, die Natur waren so schön, trotz etwas Nebel. Wir kamen etwas später am Zielort an, mussten aber sowieso auf die anderen warten. Für mich war das eine ruhigere Tour.

Man vergesse auch nicht unsere vielen Gymnastikübungen in den Pausen auf den langen Fahrten. Da haben wir uns gedehnt, gereckt und etwas Aerobic gemacht. Und manchmal waren wir ja auch in der Nacht sportlich aktiv. Natürlich mit Nachtschwimmen und Übungen um müde zu werden, nach langem hin und her Drehen.

Alles in Allem waren es super Erfahrungen. Ich habe es im Nachhinein schon des Öfteren genossen und war am Ende Stolz auf mich, dass ich immer durchgehalten, ich nicht aufgeben, ich mich doch ganz gut geschlagen und überlebt habe. Sport ist ganz gut, aber für mich reicht es in Maßen.

Zum Strand in Los Angeles...

In LA bekamen wir im Hotel einen Stadtplan. Dieser war aber nur von Downtown LA etwas größer, wo wir die Straßennamen der Umgebung unseres Hotels erkennen konnten. Auf der Rückseite war ein kleinerer Plan von ganz LA, mit Strand, Hollywood und Umgebung. Allerdings war keine Umrechnungstabelle angefügt. Daher konnten wir keine Entfernungen berechnen oder erkennen. Es war alles nur ein Schätzen. Wir versuchten uns selber die Strecke zu berechnen, wie weit es zum Strand, nach Hollywood und zu anderen Sehenswürdigkeiten war. Da sollte ich vielleicht erwähnen, dass ich nicht so der super Schätzer bin und das Berechnen ohne Zahlenwert, sondern nur mit den gelaufenen Minuten schwierig war. Auch Hannah fiel die Berechnung schwer.

Am 2. Tag machten wir uns auf den Weg zum Strand, Santa Monica Pier sollte es sein. Nach etwa 45 Minuten waren wir am Rande der Downtownkarte angelangt. Ein junger Mann sprach uns an. Er erkannte uns wahrscheinlich an unserer Karte, der Kamera und den fragenden Gesichtern. Er wollte wissen, wo wir hin wollten. Wir erklärten ihm, dass wir zum

Strand wollten und fragten, wie lange wir wohl dahin bräuchten. Freundlich antwortete er, dass wir so mit etwa 35 Minuten rechnen müssten. Ich sagte, das sei ja gar nicht so weit. Als wir nach dem Weg fragten, lachte er. Er fragte, ob wir laufen wollten und als wir das bejahten, da lachte er wieder. Wild mit seinem Kopf schüttelnd meinte er, dass wir das nicht schaffen würden und er den Bus meinte. Dieser würde über den Freeway fahren und wäre der schnellste Weg. Dann gab er uns seine Telefonnummer, für den Fall dass wir jemanden bräuchten, der uns die Stadt zeigt. Sehr nett, aber wir wollten uns alleine ein Bild machen. Wir bedankten uns und liefen trotzdem weiter. 35 Minuten mit dem Bus kann doch zu Fuß nicht unmöglich lange dauern!? Es war Mittag, wir waren fit im Laufen und hatten Zeit.

Auf der Karte sah es gar nicht so weit aus. Das musste doch machbar sein. Wir liefen, liefen und liefen. Vorbei an schönen Straßen, die aussahen wie im Film. Hohe, dünne Palmen säumten die Straße von niedlichen Häuschen. Die Sonne schien und es war angenehm warm. Wie gern wären wir schon am Strand gewesen. Mit den Füßen im Ozean.

Nach etwa 3 Stunden machten wir eine Pause, auf einer Bank im Schatten. Das konnte doch nicht sein. Wir sind in die richtige Richtung gelaufen und SO weit sah es doch gar nicht aus. Nach ein paar weiteren Straßen fragten wir eine Frau nach dem weiteren Weg. Als sie verstand, dass wir zu Fuß unterwegs waren lachte sie herzlich. Dann erklärte sie, dass wir einen Bus nehmen und dann noch mal umsteigen müssten. Es sollte noch etwa 30 Minuten mit einem motorisierten Untersatz dauern!!! WIE BITTE? Wir verstanden die Welt nicht mehr. Waren wir doch schon über 4 Stunden unterwegs und nun das. Das sollte so lange dauern, weil die Busse dann durch Wohnviertel fuhren und nicht über den Freeway. Na toll. Wir waren also im Nirgendwo und noch sehr weit vom Ziel entfernt. Das würden wir zu Fuß an diesem Tag nicht mehr schaffen. Ok, Planänderung. Wir gaben auf, suchten eine Bushaltestelle und fuhren wieder in Richtung Hotel. Es war mittlerweile gegen 17 Uhr und wir konnten nicht mehr.

Am Nächsten Tag fuhren wir gleich mit dem Bus zum Strand. Die Fahrt dauerte etwa 1 Stunde und 19 Minuten.

Tipp: Unterschätzt die Entfernungen nicht! Eine Karte ohne Entfernungstabelle ist nicht aussagekräftig!

Wie gut ist Dein Überlebensinstinkt?

Das Leben im Hostel ist nicht so komfortabel und einfach. Deshalb gönnten wir uns in Los Angeles 6 Nächte in einem Hotel. Als wir anreisten, sah das Hotel auf den ersten Blick ganz vernünftig und ordentlich aus. Eine beeindruckende Eingangshalle empfing uns. Wir wurden freundlich an der Rezeption begrüßt. Nachdem wir unseren Zimmerschlüssel bekamen und die Eingangshalle verließen, wurde es weniger hübsch. Es war nicht sehr schlimm, aber der Unterschied war deutlich sichtbar. Die Wände hatten deutliche Gebrauchsspuren, der Teppich auf den Treppen wellte sich leicht und das Holzgeländer hätte auch mal wieder einen neuen Anstrich gebrauchen können. Aber alles noch ertragbar. Wir hatten nur was anderes erwartet. Unser Problem.

Dann kamen wir in unser Zimmer. Es war nicht sehr groß. Die 2 Einzelbetten, ein Nachttisch und eine flache Schrankwand füllten den Raum aus. Das Tolle war, wir hatten ein Bad für uns alleine, das war schon Luxus genug für uns, obwohl es ebenfalls eher eng bemessen war. Der wenige Platz und die veränderte Wandfarbe sollte nicht das größte Problem in diesem Bad sein. Vielmehr störte das bräunliche Wasser, was aus dem Duschkopf spritzte. Aber auch das war ertragbar.

Mit einem 19 Stunden-Jetlag (von Neuseeland angereist) und über 24 Stunden wach, gingen wir gegen 22:30 Uhr ins Bett. Ich war sofort im Traumland und hatte einen ruhigen Schlaf, bis 2:30 UHR.

Aus dem Schlaf gerissen, schreckte ich hoch. FEUERALARM. Völlig neben mir und mit kollabierendem Kreislauf saß ich im Bett. Schnell suchte ich den Lichtschalter. Auch Hannah hatte das Klingeln gehört, blieb aber eher entspannt im Bett liegen. Mein Überlebensinstinkt war allerdings total am rotieren. Als ich aufsprang und zur Türklinke griff, hörte das Klingeln auf. Ich riss die Tür auf und erwartete aufgeregte, durch die Gegend rennende, panische Leute auf dem Gang. Aber nichts und NIEMAND war zu sehen oder zu hören. Absolute RUHE!?

Wir waren im 8. Stock und es würde eine Weile dauern, bis wir unten in Sicherheit gewesen wären. Es war kein Mensch da. Ich lief ins Treppenhaus, aber auch da, NIEMAND!?

Dann ging ich ins Zimmer zurück. Mein Herz konnte gar nicht so schnell pochen, wie ich innerlich mit mir kämpfte. Hannah lag immer noch im Bett. Ich ging ans Fenster und schaute nach, ob Leute auf der Straße standen oder die Feuerwehr schon da wäre. Aber es war weit und breit nichts zu sehen. Hannah war voll im Ruhemodus. Als ich sie fragte, was wir denn jetzt machen sollten, sagte sie nur, es sei nichts und wir müssen weiter schlafen. SCHLAFEN!? Ich war so am zittern und kurz vorm Kreislaufzusammenbruch. Wie sollte ich jetzt wieder ruhig schlafen?

Verwirrt und unsicher legte ich mich wieder ins Bett. Immer mit einem Ohr nach draußen. Ich war immer noch total unruhig und kam nur langsam wieder auf halbwegs normalen Pulsschlag. Dann hörte ich endlich Menschen auf dem Gang. Es hörte sich so an, als würden 2 Leute sich fröhlich unterhalten und in ein Zimmer in der Nähe verschwinden. Juhu, es gab noch Leben im 8. Stock. Zwar hatte ich immer noch ein ungutes Gefühl und einen arbeitenden Überlebensinstinkt, aber ich hatte nun wieder etwas Vertrauen und versuchte, schnell wieder in den Schlaft zu finden. Es dauerte eine Ewigkeit bis sich mein Körper von dem Schock erholt hatte und ich einschlief.

Am Abend des nächsten Tages schrieb ich im Eingangsbereich des Hotels meinen Lieben eine e-Mail und berichtete von der letzen Nacht. Plötzlich gab es wieder einen Alarm. Es war gegen 21:00 Uhr und die Lobby war gut besucht. Aber KEINER reagierte!? Was war das hier? Nach ein paar Sekunden war der Alarm wieder vorbei. Wieso reagierte KEINER? Mein Puls schnellte wieder hoch und der Überlebensinstinkt war auch wieder voll da. Aber da keiner versuchte, panisch das Gebäude zu verlassen und wir ja im Erdgeschoss waren, beruhigte ich mich schnell wieder.

Ich hoffte, es käme nicht mehr vor und versuchte, entspannt zu sein. Aber ich traf Vorkehrungen. Zum Beispiel packte ich abends meine Gürteltasche mit den wichtigsten Dingen. Dazu gehörten Geld, Reisepass, Fotoapparat, Handy. Und ich legte mir ein paar Kleidungsstücke griffbereit neben das Bett. So wäre ich für den Ernstfall schnell zur Flucht in der Lage gewesen und hätte alles Wichtige dabei. Hannah belächelte mich dafür, aber mir gab es ein beruhigendes Gefühl. Als ich an der Rezeption fragte, was es denn mit den Alarmen auf sich hätte, kam nur die Antwort, dass irgendetwas nicht in Ordnung sei, aber der Fehler schon gesucht würde.

Am 3. Tag in diesem Hotel wurden wir früh 9 Uhr vom Alarm geweckt. Es ist sehr faszinierend wie der Körper von 0 auf 100 schalten kann und der Überlebensmodus anspringt. Ich bin sehr dankbar, dass mein Körper so funktioniert. Natürlich war auch dieser Alarm nur ein Fehlalarm.

In der Nacht darauf sollte es 22:45 Uhr nicht der letzte Alarm gewesen sein. Wir waren noch wach. Wieder kein Mensch auf dem Gang. Zur Sicherheit gewöhnte ich mir an, bei der Rezeption nach zu fragen. Doch den Anruf hätte ich mir sparen können. Diese Auskunft hatte ich ja schon beim ersten Fragen bekommen. Es war ein Fehler in der Technik, aber es wurde bereits daran gearbeitet. Langsam wurde ich echt sauer. Wir hatten 6 Nächte in diesem Hotel gebucht und die ersten 4 nicht wirklich gut geschlafen. Allerdings hatte ich die Sicherheit, dass es auch diesmal nur ein Fehler war. Schließlich hätte es ja auch mal echt brennen können.

Am nächsten Tag kam es zwischen 18:20 Uhr und 19:15 Uhr zu 3 weiteren kurzen Alarmen. Und auch diesmal reagierte keiner in der Lobby. Allerdings waren wohl neue Hotelbewohner eingezogen. Es gab 2 Leute die hilfesuchend um sich schauten. Es war deutlich zu erkennen, sie suchten einen Blick oder eine Geste die ihnen versicherte, alles sei in Ordnung. Mich beruhigte es schon in gewisser Weise, es gab noch Leben in diesem Hotel und Menschen, die einen Überlebensinstinkt hatten. Meiner war inzwischen nur noch auf halber Kraft. Es hatte keinen Sinn die volle Kraft aufzubringen, das hatte mein Körper langsam verstanden.

Trotzdem nahm ich sicherheitshalber die Treppe, auch bis in den 8. Stock. Die Vorstellung, bei einem Alarm im Fahrstuhl zu sein, gefiel mir nicht. Und so bekam ich auch noch etwas Bewegung.

In der letzten Nacht war es 3 Uhr, als mich mein halber Überlebensinstinkt erwachen ließ. Ich blieb gelassener, allerdings war ich echt geladen. Aber eher, weil dieses Hotel es einfach nicht auf die Reihe bekam, diesen SCH*** Alarm zu reparieren. Vom Bett aus rief ich wieder bei der Rezeption an und vergewisserte mich, dass es wieder nur ein KLEINES

PROBLEM gab, an dem aber immer noch fleißig gearbeitet wurde. Ich schlief schnell wieder ein und freute mich, dieses Hotel am Morgen verlassen zu können.

Was ich da noch nicht wusste, es war nicht der letzte Alarm den wir erlebten.

In San Francisco hatten wir ja eh schon ein eher unschönes Hostel. Und dann geschah es. Am letzten Tag in diesem Hostel. Unser Wecker sollte gegen 8:30 Uhr klingeln. Den brauchten wir aber nicht mehr. 8 Uhr wurde unser Überlebensinstinkt wieder gefordert. Zwischen Los Angeles und San Francisco lagen 2 Wochen. Genug Zeit um den Akku für Instinkte wieder aufzuladen. Und so schoss mein Körper wieder von 0 auf 100. Ich sprang wie eine Kanone aus dem Bett. Diesmal war auch Hannahs Überlebensinstinkt voll in Takt. Es war ein langes Klingeln und wir waren diesmal im 3. Stock. Wir hatten am Abend vorher gepackt, weil wir das Hostel so schnell wie möglich verlassen wollten. Das war unser Vorteil. Alles schnell beisammen zu haben. Ich schnappte meine Jacke, Schuhe und den kleinen Rucksack und riss die Tür auf.

Ein Chinese stand vor der Badezimmertür, direkt neben unserer Zimmertür. Er hatte eine Zahnbürste im Mund. Ich fragte ihn was denn los sei. Er antwortete, es habe jemand in der Küche gekocht und durch den Qualm den Alarm ausgelöst. Sein Blick war etwas verwirrt. Ich sah sicher auch lustig aus. Schließlich war ich aus dem Schlaf gerissen, hatte zerzauste Haare, Knitterfalten um die verquollenen Augen, trug eine Schlabberhose, eine zerknitterte Jacke und hatte meinen Rucksack übergeworfen. Quasi wie eine Verrückte.

Fassungslos knallte ich die Tür wieder zu. Auch hier bleiben die Leute total gelassen. Wie konnte das sein? War nur ich oder waren nur wir so sehr empfindlich? Liegt es an unserer Herkunft? Sind Deutsche schreckhafter? Ich weiß es nicht, ich hoffe nur, dass der Überlebensinstinkt der Menschen funktioniert, wenn es echt mal brennt.

Was in Las Vegas passiert = Bleibt in Las Vegas! (Oder auch nicht ;))

Ein Stopp unserer Tour durch den Westen von Amerika war Las Vegas. Wenn man über den High Way nach Las Vegas fährt, mitten aus der Wüste kommt und dann plötzlich dieses unglaubliche Reich, mitten in der Wüste, erkennen kann, das ist der Wahnsinn. Es scheint so unwirklich. Ich war völlig überfordert. Schon die kurze Fahrt durch diesen Fabelort war für mich eine Reizüberflutung. Es war Mittag und noch nicht mal beleuchtet. Wir kamen aus der Wüste, waren völlig dreckig, in Lumpensachen, mit dem großen Rucksack auf dem Rücken und einem kleinen vorne dran. So stiegen wir aus dem mit Wüstenstaub verzierten Kleinbus. Wir standen direkt vor einem Luxushotel in Las Vegas. Las Vegas ist ein Ort, der alleine mehr Hotelzimmer hat, als ganz

Europa zusammen. Irre. Unfassbar groß. Wie eine andere Welt.

Wir folgten unserem Guide in das riesengroße Luxushotel. Ich konnte nicht fassen, dass wir hier eine Nacht verbringen sollten. Schließlich kamen wir aus der Wüste, aus einem Zelt. Nichts ahnend betraten wir die Eingangshalle oder besser ich erwartete eine Eingangshalle, wenn auch etwas größer als die vorherigen Hotels. Aber was war das? Wir kamen durch die Tür in ein klimatisiertes Casino. Plötzlich standen wir Backpacker mitten in einem Bling-Bling-Glücksspieltempel. Ich kam mir so was von unpassend angezogen vor. Aber ich war ja nicht alleine. Ich versuchte mich nicht von den ganzen blinkenden Gerätschaften ablenken zu lassen und hielt mich an meine Gruppe. Dann mussten Hannah und ich unser Zimmer im Nordflügel in der 8. Etage finden. Es war gar nicht so einfach, schließlich gab es 3 Flügel und einen Turm. Der Turm war ein Aussichtspunkt, den wir kostenlos besuchen durften, da unser Hotel dazu gehörte. Juhu, wir fanden das Zimmer. Ein sehr geräumiges und komfortables Zimmer, mit zwei Doppelbetten. Es war Mittag und wir hatten bis 21 Uhr Freizeit. Aber bevor wir auch nur irgendetwas unternehmen, oder unser Luxuszimmer verlassen konnten, mussten wir uns erst mal für Las Vegas schick machen. Duschen, umziehen, etwas Make-Up und einfach wieder frisch fühlen. Nach etwa 90 Minuten waren wir dann Las Vegas tauglich und verließen unser Zimmer. Der erste Weg führte uns auf den Turm. Ein atemberaubender Ausblick über den Wüstenort erwartete uns. Auf dem Dach des Turmes gab es noch eine Attraktion, die uns aber nicht sehr reizte. Unser Überlebensinstinkt war stärker. Man konnte in 350 Meter Höhe mit einer Art Achterbahn fahren, die hin und wieder über den Rand des Turmes ragte. Nein, nichts für uns. Aber wer es mochte.

Nach dem Turmbesuch beschlossen wir ein wenig, die Umgebung des Hotels zu erkunden. Es war windig und ziemlich warm. Wir waren k.o. von den letzten Tagen und von der Umgebung überfordert. So gingen wir nur ein paar Straßen weiter, aber das reichte auch schon. Nur ein paar Meter von unserem Hotel entfernt, gab es den größten Souveniershop der Welt. Das war schon eher was für uns. Schon als wir den Laden betraten, fühlte ich mich ein wenig wie "Im Schlaraffenland". Es gab ALLES, aber auch wirklich ALLES, was man sich nur an

Souveniers vorstellen kann. Die üblichen Mitbringsel wie T-Shirts, Becher, Magnete. Und natürlich gab es auch die typischen Klischeesachen, Schleier und T-Shirts mit verschiedenen Aufschriften, die die Zeit in Las Vegas beschreiben. Da gab es vor allem den Spruch: "Was in Vegas passiert, bleibt in Vegas!". Das war sehr passend und hätte ich gewusst, was mich noch erwarten würde, dann hätte ich mir wahrscheinlich so ein T-Shirt gekauft. Stattdessen kaufte ich, nach über einer Stunde in diesem Geschäft, ein paar kleine Dinge für meine Lieben. Kartenspiele, Würfel, Magneten, Anhänger und so Kleinkram. Ein wirklich großes Geschäft und wenn da steht, der größte Souvenierladen der Welt, dann wird das sicher auch so sein. In Las Vegas ist echt alles größer.

Nach dem Shoppingerlebnis der Extraklasse liefen wir noch ein paar Schritte durch die Straßen. Vorbei an Kapellen und Shops und noch unbeleuchteten Tafeln. Dann gingen wir zurück in unser hoteleigenes Casino. Wir wollten auch mal dem einarmigen Banditen die Hand geben. Aber wir hatten keine Ahnung wie das geht. Erst mal mussten wir Geld tauschen. Nicht in Cetons, wie ich das aus Filmen kannte, sondern in Münzen. Da gab es eine kurze Einweisung, aber die war auch nicht sehr hilfreich. Zuerst gingen wir zum Banditen. Es gab wahnsinnig viele verschiedene Arten von diesen Geräten. Nach einer Runde durch die Klimperhöhle fanden wir dann einen anscheinend Geeigneten. Ich setzte mich auf den Hocker davor und steckte meine Münze in den Banditen. Ich zog am "Arm" und Schwupps war mein Geld weg. Ich hatte das Prinzip nicht ganz verstanden und meine Spielfreude blieb auch aus. Hannah ging es ebenso. Wir suchten eine neue Herausforderung. Die sollte am Roulette-Tisch warten. Wir gaben jede 5 Dollar hin und bekamen dafür jede einen Chip. Da wir zu zweit waren und eine Weile spielen wollten, hatten wir einen Plan. Jede von uns setzte auf eine andere Farbe. Eine auf Schwarz und die andere auf Rot. So konnten wir ein paar Runden spielen und keiner konnte verlieren. Dachten wir. Das Einzige was wir wussten war, dass wir die Chips immer nach einer Runde erst mal wieder vom Setzfeld nehmen und dann erneut setzen mussten. Denn sonst geht der Gewinn an die Bank. Ein paar Runden ging alles gut. Einen Chip verloren wir und einen gewannen wir dazu. Eine gute Methode. Es war nur ein weiterer Spieler mit am Tisch. Der hatte aber wahrscheinlich mehr Ahnung als wir. In der 5. Runde wurden wir mutiger. Wir hatten anhand der Statistik der letzten Runden berechnet, welche Farbe nun hätten kommen müssen und setzten die 2 Chips darauf. Aber leider folgte das Schicksaal in dieser Runde nicht unseren Berechnungen. So verloren wir unsere 2 Chips. Aber wir hatten inzwischen Blut geleckt und setzten erneut. Erst mal wieder jede auf eine andere Farbe. Nach 2 weiteren Spielen kam der Hammer. Wir verloren beide. Ich konnte es gar nicht so schnell erfassen, aber die Kugel fiel in die Null, die ist Grün. GRÜN. Erneut Geld weg. Nun hatten wir genug davon. Wir suchten nach weiteren Spielmöglichkeiten. In einer etwas abgelegenen Ecke fanden wir einen Tisch mit elektronischen Spielen. Zuerst hielt ich den von mir ausgesuchten für einen Pocker-Tisch. Nach 3 Runden verstand ich das wahre Spiel. Es war "Black Jack". Aber es lief ganz gut für mich. Das Tolle war auch, dass wir freie Getränke bekamen, wenn wir spielten. So trank ich 3 Gläser Orangensaft und spielte fröhlich "Black Jack". Immer wenn ich gewann, ließ ich mir den Gewinn auszahlen bzw. per Zettel ausdrucken und setzte dann erneut einen kleineren Betrag. Insgesamt setzte ich an diesem Abend 31 Dollar und gewann 27 Dollar. Das war ein ganz guter

Schnitt. Ich hatte mir vorher ein Limit gesetzt, was ich setzen würde und hatte auch nur das in der Tasche. Das ist sehr hilfreich, wenn man in einen Spielrausch verfallen sollte.

Nach etwa einer Stunde Spielen setzten wir uns vor das Hotel und beobachteten die Reichen und Schönen. Sehr interessant, was so in Las Vegas zu gegen war. Da gab es die verschönerten Damen im zweiten Lebensabschnitt. Die reichen Männer, die in Luxuscarosserien vor fuhren und auch eine Gruppe von jüngeren Leuten kam in einer schwarzen Limo vorgefahren. Wir sollten an diesem Abend noch eine Überraschung erleben. Um 21 Uhr standen wir, die Teilnehmer der Tour, vor dem Hotel und warteten auf unseren Guide.

Ich sah nach links und in der Ferne sah ich ein rotes Auto, mit gelben sirenenartigen Lampen auf dem Dach und an der Stoßstange. Zuerst dachte ich, es sei ein Feuerwehrauto und ahnte nicht, was es wirklich war. Da kam doch tatsächlich eine rote Limousine mit schwarzen Scheiben und etwa 14 Meter lang auf uns zu. Sollte das unsere Überraschung sein? Irre. Tatsächlich hielt das Geschoß vor uns. Wir waren 14 Leute und es hätten locker noch mal so viele in das Gefährt gepasst. Wir alle hatten den Mund offen stehen. Als unser Guide die Tür öffnete und aus der roten Hammerlimo ausstieg drehten alle durch. Ein Gekreische und Gekicher ging los. Jeder wollte ein Foto von sich, mit dem unglaublichen Hintergrund. Nach den Fotos stiegen wir ein. Und drinnen war es noch unfassbarer, als es von außen erschien. Es gab 2 gleichgroße Bereiche, mit Sitzbänken an den Seiten und einer durchsichtigen Poolstange. Hinter den Bänken gab es eine Art Bar, wo man diverse Getränke vorfand. Von den üblichen Softdrinks bis hin zu Whiskey und anderen harten Getränken. Da ich keinen Alkohol trinke, hielt ich mich an die alkoholfreien Flaschen, während die Anderen diese mit den Alkoholflaschen mixten. Die Tour führte uns auch zum berühmten "Las Vegas Schild". Die

Stadt war soooo bunt und so belebt, das war echt krass. Es war wie im Film und die bunten Schriftzüge, die flimmernden Leuchtreklamen und das Leben in Las Vegas, das muss man erst mal verarbeiten. Nach 2 Stunden Fahrt, mit mehreren Stopps in verschiedenen Hotels mit Shows und Attraktionen, wurde es für mich "Nüchterne" anstrengend.

Wir beendeten die Fahrt gegen 22:30 Uhr bei einer Wassershow, direkt vor dem Hotel mit der Eifelturmimitation. Die Leute meiner Gruppe hatten das freie Trinken in der Limo voll ausgenutzt, ich auch, aber bei mir hatte es nicht solche Auswirkungen. Ab diesem Moment kam der Spruch: "Was in Vegas passiert, bleibt auch in Vegas!" zum Tragen. Ich erinnere mich nicht so gerne an die Zeit von 22 Uhr bis 2 Uhr nachts zurück. Es war gar nicht so einfach, die einzige Nüchterne zu sein. Ich habe auch das Problem, dass ich ein ausgeprägtes Helfersyndrom habe, was mir die Situation nicht erleichterte. Wenn ich gewusst hätte, wie es endet, wäre ich gleich nach der Fahrt ins Hotel gefahren. Allerdings hätte ich den Gedanken an die Anderen nicht verdrängen können. Schließlich musste ja jemand die Gruppe zusammen halten bzw. wieder gut ins Hotel zurück bringen. Nun, ich war dieser Jemand. Aber es war nicht so toll wie man vielleicht denkt. 3 Betrunkene alleine ins Hotel bringen, wenn die noch feiern wollen, aber nicht mehr können, das ist schwieriger als eine Horde Kinder zu bändigen. (Ich weiß das, da ich im Kindergarten arbeite.) Es war echt anstrengend und ich war schon etwas genervt. Aber am nächsten Morgen waren alle da und naja, mehr oder weniger fit. Das war dann die Folgeerscheinung, aber da mussten sie durch. Ich konnte mich an Alles erinnern, was irgendwie auch nicht so toll war, aber naja...

Ich war sehr froh, dass wir nur eine Nacht in Las Vegas verbrachten. Es ist definitiv kein Ort für Urlaub. Alles was länger als 2 Nächte ist, wäre für mich dort absolut unvorstellbar. Es ist so ein abgefahrener Ort.

Duschst du schon? Oder suchst du noch?

In einem Hostel in San Francisco checkten wir ein und gleichzeitig cancelten wir die letzte gebuchte Nacht. Statt 4 Nächte mussten wir so "nur" 3 in dieser Absteige verbringen. Wir wären auch gleich wieder gegangen, aber laut dem Mann an der Rezeption konnten wir nicht eher gehen, bzw. hätten wir die 3 Nächte auf jeden Fall bezahlen müssen. Da wir wenig Geld hatten, kam es auf jeden Cent an. So mussten wir die 3 Nächte aushalten.

Es war ein eher kleines Hostel in einer unscheinbaren Seitengasse von San Francisco. Wir hatten eine kleine Kammer im 3. Stock, in der Größe einer Schuhschachtel. Ein Schreibtisch, ein Doppelstockbett und ein Nachtschrank füllten das Räumchen aus. Das Fenster in der Ecke ging nicht zu öffnen und war eher sporadisch mit vergilbtem Fliegengitter bespannt. Der Raum war also voll und unsere beiden großen Rucksäcke füllten noch den letzten Spalt voll aus.

Die hygienischen Bedingungen waren unzumutbar. Die Bettlaken und Decken waren mit unförmigen Fleckenmustern gestaltet und mit Glitzerstift verziert. So schliefen wir die 3

Nächte in unseren Schlafsäcken. Wobei es auch für die Schlafsäcke eine Zumutung war, auf diesen Matratzen zu liegen.

Der Teppichboden war dunkel, aber man konnte trotzdem diverse Vorgängerspuren erkennen.

Die Badsituation war aber das Highlight dieses Hostels. Auf jeder Etage waren etwa 10 Zimmer mit 2 oder mehr Betten, also mindestens 20 Hostelianer. Dafür gab es 3 badähnliche Räume. Eine Dusche, die den "Raum" ausfüllte und mit vielen Haaren, Shampooflaschen, Schimmelarten und Papier ausgestaltet war. Ein Bad mit Toilette, Waschbecken und Duschzelle. Auch hier umrahmten schwarze Fugen die Dusche und ließen so das verdreckte Waschbecken doch etwas weißer erstrahlen. Als ich den Toilettendeckel anhob musste ich sehr stark sein. Eine braune, papierartige Masse verstopfte das Klo bis unter den Rand. So schnell wie ich aus diesem Waschraum raus war, hätte ich wahrscheinlich jeden Marathon gewonnen. Der Gestank war mir erst nachher aufgefallen und dafür ewig in meiner Nase.

So versuchte ich es in dem 3. Bad. Dieses war wie immer besetzt. Es war das noch am ehesten erträgliche und direkt neben unserem

Räumchen. Unsere Zimmertür hatte einen Spion, so konnte ich das Treiben auf dem Gang vor dem Bad genau beobachten. Schließlich muss man sich ja ablenken, wenn man mal muss und nicht kann. Und so war ich auch schneller drin, bevor wieder jemand anderes rein wollte.

So stand ich oft an der Tür und beobachtete die durch das Hostel tigernden Hostelianer. Es ist eigentlich ganz lustig, wenn man nicht selber ein Hostelianer ist, der ein Bad braucht.

Immer wieder standen Hostelianer vor der Badezimmertür und versuchten sie zu öffnen. Oft hatten sie keinen Erfolg und so zogen sie wieder ab. Meist gingen die verzweifelten Hostelianer dann auf eine andere Etage und versuchten da ihr Glück. Aber nicht selten standen sie gleich wieder vor unserer Badtür, um es wieder zu versuchen. Das war ein trauriges Schauspiel. Es kam vor, dass 2 bis 3 Leute vor der Tür eine Schlange bildeten und warteten. Das setzte den im Bad ganz schön unter Zeitdruck. Wenn man es dann endlich geschafft hatte, das Bad zu erobern, dann wollte man zwar schnell wieder raus, aber man musste auch alles erledigen, denn man wusste ja nicht, wann man wieder rein kam. Daher kam es zu langen Wartezeiten, die ich für Beobachtungen nutzte.

Es ist erstaunlich wie viele Ältere (über 50) in Hostels absteigen. In diesem war ich kurz vorm durchdrehen und ich war erst 28. Aber ich war wahrscheinlich auch schon zu alt für diese Art von Hostel. Keine Ahnung was die anderen (besonders älteren) Leute da hielt?

Da ich den Blick auf die Tür hatte und sah wenn sie auf ging, war ich auch oft drin bevor ein Anderer aus seiner Zimmertür sprang und dann mit einem verzerrten Lächeln wieder umdrehte. Allerdings vergaß ich dadurch oft ein paar Utensilien. Aber Duschbad war von den Vorgängern meist vorhanden.

Normalerweise genieße ich Duschen sehr. Aber in einer engen Duschkabine mit Schimmel und anderen unangenehmen Überbleibseln beschränkte ich mich auf das Nötigste. Außerdem nervte das Klopfen und Klinken der anderen Hostelianer. Richtig sauber fühlte ich mich nach der Dusche nicht, aber ich hatte es versucht. Wenn man nicht an den Rand kam, was schwer war, dann war man vielleicht auch etwas sauberer als vorher.

Es ist auch nicht so toll, dass es meist keine Seife in den Bädern gab. Abgesehen, dass sich eh nicht viele die Hände nach dem Toilettengang waschen, ich hätte es gern versucht. Ich bin dann mit meiner kleinen Seife losgezogen. Auch Klopapier war rar, sodass ich welches aus einem anderen Bad mitnahm. Man muss ja schließlich sehen wo man bleibt, erst recht als Hostelianer.

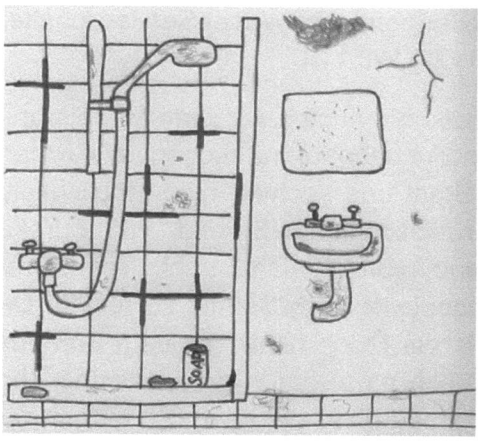

Im Fernbus durch Amerika

In Amerika gibt es verschiedene Möglichkeiten im Land zu Reisen. Am schnellsten, aber auch nicht unbedingt am billigsten ist das Fliegen. Und dann gibt es noch eine bekannte Busgesellschaft, die auch für lange Strecken Fernbusse anbietet. Die sind meist billiger und vom Papierkram einfacher. Es gibt in vielen großen Städten Busbahnhöfe, wo sich auch Serviceschalter befinden. Wobei Serviceschalter wohl das falsche Wort ist.

In San Francisco machten wir zwei Mädels uns auf, um den Busbahnhof zu suchen. Wir waren neu in der Stadt und suchten eine Möglichkeit, von San Francisco nach Eureka, von Eureka nach Portland, von Portland nach Vancouver und von Vancouver nach Seattle zu reisen. Da erschien uns die Möglichkeit, mit dem Fernbus zu fahren, als eine ganz gute Lösung. Im Reiseführer stand nicht viel dazu. So gingen wir zum Busbahnhof, der von unserem Hostel zu Fuß aus erreichbar war.

Als wir ihn gefunden hatten gingen wir hinein. Schnell fanden wir die Schalter und wollten uns informieren. Freundlich gingen wir auf die Frau am Schalter zu und sprachen sie mit unserem doch ganz verständlichem Englisch an. Schon ihr Blick verriet, sie hatte nicht ihren besten Tag. Aber wir hatten noch Hoffnung, dass sie uns Touristinnen helfen würde. Wir wollten ja schließlich bei ihrem Unternehmen mehrere Busfahrten buchen. Aber das interessierte sie nicht besonders.

Auf die Frage, ob wir hier bei ihr Bustickets kaufen könnten, gab es keine eindeutige Antwort. Sie verwies uns auf das Internet, wo wir alles buchen könnten. Aber das war alles auf Englisch und wir wollten ja noch ein paar andere Dinge wissen. Denn wir hatten zu dem Zeitpunkt noch keine festen Zielorte festgelegt, da wir nicht genau wussten, welche Verbindungen für unsere Ziele die besten waren. Die Dame am Schalter konnte oder wollte uns nicht sagen, ob ein Bus in die Nähe des Red Wood Nationalparks fuhr. Wir sollten im Internet gucken. Sehr frustrierend und kundenunfreundlich. Dieses Gespräch war völlig sinnlos und so zogen wir wieder ab, zurück ins Hostel. Dort gab es nicht viel Schönes, aber freies Internet und einen Computer für die Gäste. So verbrachten wir erst Stunden mit dem Reiseführer und der Planung, welche Orte in der Nähe unserer Wunschziele waren. Dann setzten wir uns an den Computer und suchten die passenden Busverbindungen. Es dauerte ebenfalls Stunden, bis wir die ganzen Orte fanden und mögliche Verbindungen rausgesucht und gebucht hatten. Wir wollten weg aus dem Hostel und unser Weiterflug ging von Seattle, daher blieb uns keine andere Wahl. Wir konnten die Entfernungen von den Nationalparks und den Orten unserer Ankunft nur schwer einschätzen. Die Internetseite von Greyhound war leider dabei keine großen Hilfe, was die Verbindungen anging. So buchten wir eine Fahrt von San Francisco nach Eureka. Das war eine Direktfahrt und nicht so lange. Aber was wir da noch nicht wussten, der Red Woods NP befand sich doch weiter weg als gedacht. Dann buchten wir die Strecke weiter nach Portland. Wobei wir mit unserer Verbindung erst wieder 4 Stunden zurück in den Süden Amerikas fuhren um dann über 12 Stunden nach Portland in den Norden zu fahren. So waren wir fast 24 Stunden (mit Aufenthalt) unterwegs. Von Eureka zurück nach Sacramento (in der Nähe von San Francisco), umsteigen und dann von Sacramento nach Portland. Wie wir uns schon dachten und von Amerikanern lächelnd bestätigt bekamen, es gab auch eine Direktverbindung von Eureka nach Portland. Diese wurde uns aber im Internet nicht angezeigt.

Die anderen Verbindungen nach Vancouver und Seattle buchten wir später im Internet, aber die waren ganz ok.

Vielleicht hätten wir uns auch über Flüge informieren sollen, denn preislich war es mit dem Bus auch nicht ganz so billig. Also informiert euch gut und bleibt beim SERVICESCHALTER standhaft!!!

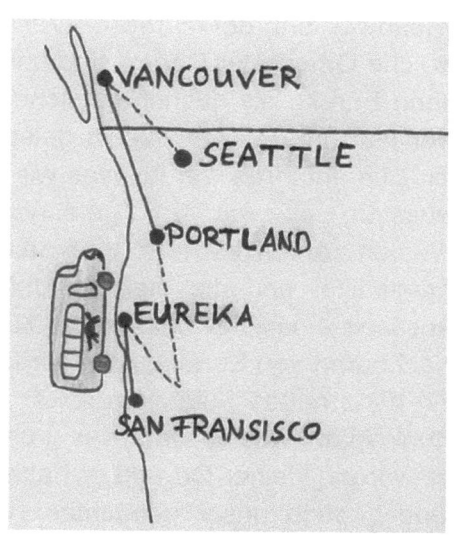

Der Ausflug zu den Red Woods bei Eureka

Als wir im Reiseführer blätterten, was auf der Strecke zwischen San Francisco und Seattle sehenswertes liegt, fanden wir die Riesenbäume. Im Reiseführer wurde beschrieben, dass in einem Nationalpark die größten und ältesten Bäume der Welt stehen. Da wollten wir hin. Und es sah auch nicht so weit aus. Aber wir waren nicht die geborenen Abschätzer von Strecken, dass hätten wir nach der LA-Geschichte wissen müssen. Naja, es lag irgendwie auf der Strecke. Wir sahen nach, welche Orte in der Gegen sind und suchten uns dann Eureka als nächst möglichen Ort aus. Es war laut Internet der nächst gelegene Ort, den ein Bus anfahren würde. Was wir da noch nicht wussten, es war der gefährlichste Ort im Westen Amerikas. Da gab es die meiste Kriminalität und die meisten Unfälle, laut der Aussage eines Bewohners von Rio Dell, einem Nachbarort von Eureka. Aber wir fanden, es war ein ganz nettes Städtchen. Zwar kamen wir im Dunkeln an, was schon etwas gruselig war, aber es war ein kleiner Ort und er hatte Charme. Wir fanden auch unser gebuchtes Hotel. Was im Dunkeln gar nicht so einfach war. Das Hotel sah von außen ganz einfach aus, aber das Zimmer war echt schick. Ein großes Zimmer mit antiken Möbeln und einem hübschen kleinen Bad. Alles was wir brauchten und ein super Preis-/Leistungsverhältnis. Auch die Frau an der Rezeption begrüßte uns freundlich, obwohl wir mitten in der Nacht anreisten. Sie war sehr lieb und hatte eine mütterliche Art.

Am nächsten Morgen erkundigten wir uns bei der Frau von der Rezeption, wie wir zu den Riesenbäumen kommen könnten. Sie wusste es nicht sofort, aber sie sah im Computer und in Infomappen nach. Sehr hilfsbereit. Nach einer Weile erklärte sie uns, wie und wo die Bushaltestelle war, wann der Bus fuhr und wie weit es war. Wow, es sollte mit Bus auch ein ganz schönes Stück sein. Waren wir also doch etwas weiter weg, als gedacht? War ja nichts Neues. So entschieden wir uns am nächsten Tag den Ausflug zu unternehmen und erkundeten diesen Tag Eureka. Die Straßen hatten Zahlen und Buchstaben als Namen. So gab es zum Beispiel die 3. Straße und die C Straße. Es war ein kleiner Ort, mit vielen niedlichen älteren Häuschen. Das Einzige was fehlte war ein Supermarkt, besonders in der Nähe des Hotels. Dafür gab es einen Pizzaladen, gleich um die Ecke. Zur Stärkung gönnten wir uns daher Pizza und Nudelbrot. Sehr lecker.

Am nächsten Tag standen wir früher auf, damit wir auch lange Zeit bei den Riesenbäumen hätten. Wir gingen zur Bushaltestelle gleich um die Ecke des Hotels. Es war ein kleiner Bus, der als Überlandbus deklariert war, nicht viele Haltestellen anfuhr und lange Strecken zurück legte.

Nach ca. 70 Minuten Fahrt kam unsere "Haltestelle". Die Busfahrerin fuhr vom Highway ab. Der Bus hielt an. Im Nirgendwo. Wir stiegen aus. Mitten in dem Nirgendwo, neben dem Highway. Dann gingen die Türen schnell wieder zu und der Bus rauschte davon. Und nun? Wir standen neben einer Straße, die auf den Highway führte. Nichts sah auch nur ansatzweise aus wie man sich eine Bushaltestelle vorstellt. An einem Verkehrsschild hing eine Art Fahrplan, wenn man wusste, dass hier ein Bus fuhr. Auf der gegenüberliegenden Seite, unter einer Brücke durch, hing auch so ein Zettel, wo wir nachsahen, wann der Bus zurück fuhr.

Als wir uns dann auf den Weg machen wollten, war das nicht so einfach. Es war nichts von einem Schild oder Riesenbäumen zu erkennen. Wir hatten nur den nicht sehr aussagekräftigen Plan des Nationalparks in der Hand. Außerdem waren darauf nicht Mal ungefähre Entfernungsangaben. Das war echt blöd, aber wir verließen uns auf unseren Orientierungssinn und unseren Instinkt. Mal wieder... So liefen wir gemütlich in die Richtung, die wir auf dem Plan erkennen konnten. Nach ein paar Metern kamen wir an ein Schild. In die eine Richtung waren es etwa 2 Meilen zum Besucherzentrum. In die andere Richtung ging es 2 Meilen zu dem größten Baum. Wir entschieden uns gleich zu dem Baum zu laufen, da wir sonst erst 2 Meilen in die falsche Richtung laufen würden. Es waren richtige asphaltierte Straßen, die mitten durch die riesen Bäume führten. Das hatte ich nicht in einem Nationalpark erwartet. Aber wenigstens sahen die Bäume nun langsam echt wie Urzeitbäume aus. Schon sehr beeindruckend. Das eine Schild war das Einzige, was wir in dem ganzen Park als Ausschilderung sahen. Da könnten sich die Amerikaner echt mal was Besseres einfallen lassen, für die Touristen. Wir liefen und liefen. Das konnten wir gut. Am Anfang fotografierten wir auch noch fast jeden Baum, aber als wir immer weiter in den Wald kamen, fragten wir uns schon, wo denn nun endlich der Größte und der Älteste stehen sollte. Das konnte doch nicht sein. Es sah auf dem Plan gar nicht so weit aus und anhand der Straßenführung auf dem Plan waren wir richtig. Nach etwa 1 1/2 Stunden fragten wir zwei Rancher. Die meinten, es sei die richtige Richtung und es wäre nicht mehr so weit. Einfach immer weiter in die Richtung und dann kämen wir schon hin. Die haben wahrscheinlich nicht verstanden, dass wir zu Fuß unterwegs waren.

Weitere 1 1/2 Stunden später waren wir immer weiter im Wald. Uns wurde schon etwas komisch, denn wir mussten ja auch irgendwann wieder den Bus nach Eureka zurück finden.

Langsam hatten wir die Nase voll und auch leichte Orientierungsschwierigkeiten. Der Plan von dem Park war so ungenau, wie die Pläne vorher. Wir beschlossen einfach, irgendeinen Baum zu fotografieren und ihn als den Ältesten oder Größten auszugeben. Die Bäume sahen fast alle gleich aus, waren riesengroß und alt. Wer sollte das zu Hause auch wissen? Von meinen Leuten war noch keiner dort, der das hätte aufdecken können. Als wir gerade den Rückweg antreten wollten, kam uns ein älterer Mann mit einem Schäferhund entgegen.

Freundlich sprach er uns an, wo wir hin wollten. Wahrscheinlich sahen wir schon sehr verloren aus. Wir erklärten ihm unsere Situation. Er war erschrocken darüber, dass wir schon über 3 Stunden unterwegs waren, zu Fuß. Außerdem verstand er nicht, dass die Rancher uns nicht gesagt hatten, dass es zu Fuß viel zu weit sei, bis zu dem Giant Tree. Der Mann schien sehr nett und er hatte nichts weiter vor, so bot er uns an, uns zu dem bekannten Baum zu fahren. Nach einem kurzen Blickkontakt zwischen uns entschieden wir, das Angebot anzunehmen. Ich weiß, man sollte nicht mit Fremden mitgehen, erst Recht nicht fahren, aber wir hatten beide kein komisches Gefühl und waren verloren im Nationalpark. Auch wenn es etwas beengt in seinem Auto war, er fuhr uns sicher zum Giant Tree. Dann bot er an uns 30 Minuten später wieder abzuholen. Wir überlegten und nahmen dieses Angebot dankend an. Schließlich waren wir nun noch weiter vom Bus entfernt und hatten nun überhaupt keinen Plan mehr, wo wir eigentlich waren. Selbst wenn wir zu Fuß gegangen wären, für die Strecke hätten wir locker 4 Stunden gebraucht.

So sahen wir den echten Giant Tree doch noch. Das war schon ein beeindruckender Baum. Wie verabredet kam der Mann wieder und fuhr uns noch etwas rum. Er wollte mit seinem Hund James noch eine Runde an einem anderen Fleckchen des Parks spazieren gehen. Wir willigten ein. Im Nirgendwo mit einem Fremden, das war schon komisch, aber es war ein wirklich wunderschöner, ruhiger und unangetasteter Fleck Erde. Der Boden mit grünen Farnen und Moosen bedeckt. Die Bäume Meter hoch und alles so friedlich. Keine Menschenseele war zu hören oder zu sehen. Es war wie im Märchen. Wie "Alice im Wunderland". Und ich ganz klein und unbedeutend mittendrin.

Als es später wurde, erklärten wir dem Mann zu welchem Bus wir müssten. Er kannte keine Haltestelle, die wir beschrieben. Also setzte er uns in Rio Dell ab. Einem kleinen Ort, der in der Nähe des Nationalparks war und wo ganz sicher ein Bus nach Eureka fahren sollte. Wir fuhren vom High Way ab und ich war der festen Überzeugung, dass genau dort der Bus, mit dem wir gekommen waren, hält. Aber da auch dort wieder kein Haltestellenanzeichen erkennbar war, fuhr der Mann uns zu einer anderen Haltestelle. Diese war uns unbekannt und auch die Busse, die da fuhren waren, nicht geeignet für uns. Die Zeiten, zu denen die

Busse in kleine Örtchen fuhren, waren auch sehr rar. So standen wir verlassen an der Haltestelle. Es kam kein Bus. Da die andere "Haltestelle" nicht so weit weg war, liefen wir dort hin. Wir wollten einfach sehen, ob nicht doch das die Haltestelle war und dort vielleicht eher ein Bus kommen würde. Den letzten Bus hatten wir wohl knapp verpasst. Es wurde nebelig, feucht-kalt und die Sonne ging langsam unter. Wir waren verloren. Mitten im Nirgendwo. Was wäre, wenn kein Bus mehr kommen würde? Wir könnten doch nicht in Rio Dell bleiben. Unser schönes Hotel war doch in Eureka. Nach etwa 2 Stunden warten, kam dann endlich der Bus, der uns von der nichterkennbaren Haltestelle, wieder heil nach Eureka zurück brachte.

Gegen 22:10 Uhr kamen wir durchgefroren und hungrig in Eureka an. Wir hatten nichts weiter gegessen, uns war kalt und wir waren einfach nur fertig. Also, welches Bedürfnis sollten wir zuerst befriedigen? Wir entschieden uns, die Pizzeria zu besuchen und uns eine leckere, warme Pizza zu teilen. Als wir an der Pizzeria ankamen, war die schon zu. Die Öffnungszeiten gingen nur bis 22 Uhr. Und nun? Wir wollten nicht aufgeben. Es brannte Licht und die

Angestellten schienen noch beschäftigt zu sein. Vor der Scheibe tanzend und klopfend machten wir auf uns aufmerksam. Ein netter junger Mann öffnete uns die Tür. Wir erklärten ihm, dass wir sehr hungrig waren und gern noch eine Pizza hätten. Es war kein Problem. Wir bestellten und bezahlten eine Pizza. Nach wenigen Minuten war unsere Bestellung fertig. Aber statt einer Pizza bekamen wir 2 zum Preis von einer. Das war toll und sehr nett. Wir sahen also auch so hungrig aus, wie wir uns fühlten.

Also abschließend kann ich sagen, Eureka war ein niedliches Örtchen, mit vielen netten Menschen. Die Bäume sind unbedingt sehenswert, aber nehmt euch ein Mietauto!

Abstecher nach Kanada

Im Jahr vorher waren wir für über 2 Wochen an der Ostküste von Kanada. Ein paar Tage besuchten wir eine Freundin von Hannah und die andere Zeit machten wir eine Tour mit einem Reisebus. Wir haben mehrere Städte und schöne Landschaften angesehen und festgestellt, Kanada ist ein wirklich schönes Land, besonders zum Reisen.

Und da wir nun schon in Amerika waren, planten wir auch einen Abstecher in den Westen Kanadas. Die Wahl fiel auf Vancouver. 4 Nächte verbrachten wir in einem eher mittelmäßigen Hotel am Rande der Stadt. Es war ein ziemlich kleines Kämmerchen, aber für uns reichte es und die eigene Nasszelle war schon Luxus genug.

Nach einem angenehmen Fußmarsch kamen wir aus dem etwas runter gekommenen Viertel in die Stadt. Die Innenstadt von Vancouver hat mir sehr gefallen. Mehrere hohe Häuser wechselten sich mit kleinen niedlichen Häuschen ab. Die Skyline hatte viele Fassetten. Da gab es die Berge mit etwas Schnee, hohe und kleine Häuser, Grün, bunte Hausboote, protzige Yachten und die Spiegelungen des Panoramas im Wasser. Was ich vorher noch nicht gesehen habe, es gab einen kleinen Wasserflughafen, wo aller paar Minuten ein Wasserflugzeug landete oder startete. Das "Terminal" war nur ein kurzer Steg mit einer kleinen Hütte darauf. Vancouver war eine Mischung aus Neuseeland, wegen den Bergen, dem Grün und dem glitzernden Wasser. Und ein bisschen von Seattle, wegen der Häuser, den Hausbooten und der Wasserlage. Eine richtig gute Mischung von Allem. Ein beeindruckendes Gesamtbild, was mir noch immer gut im Gedächtnis geblieben ist.

Die kleinen Viertel unterschieden sich zum Teil sehr. Da gab es Gastown mit eher flachen und traditionellen Häusern, eher eine Souvenier-Shopping-Straße mit viel Flair. Dann gab es das Wirtschaftsviertel mit vielen höheren Geschäftshäusern. Das Wohnviertel der Reicheren mit noblem Vorstadtambiente. Den schönen Hafen und das eher abgewohnte Viertel. Vancouver bietet so viele verschiedene Eindrücke und Ecken, da ist für jeden was dabei. Eine Stadt mit Geschichte, Kultur, Moderne, Natur, Abwechslung und Charme.

In Kanada spielt Sport eine große Rolle. Besonders begeistern sich die Kanadier für Eishockey. Es gibt unzählige Sportstätten, Stadien, Eishallen und Sportplätze. Zwischen den Häusern wurden mehrere Parks eingebaut. Dort gab es Spielplätze, Bänke zum Verweilen, Bäume, Wiesen und Fahrradwege. Der Wechsel von Beton, Grün und Wasser harmonisierte wirklich gut. Besonders schön war es, wenn sich die Wolken im Wasser spiegelten und wie weiße Wattebausche aussahen.

Kanada ist immer eine Reise wert

Ankunft in Stockholm

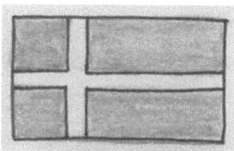

Nach einem laaaangen Flug von Seattle, über Reykjavik, kamen wir mit einem heftigen Jetlag von 9 Stunden in Stockholm an. Es war gegen Mittag und wir waren einfach nur geschafft. Der Flughafen war gepflegt und wir konnten gleich erkennen, dass wir in Schweden waren. Überall gab es Dinge, die an ABBA erinnerten. Von Vitrinen mit den Bühnenkostümen über Plakate und andere Fanartikel. Es hatte schon was von einem Museum. Also, wir waren endlich da. Aber es war auch schon etwas Wehmut dabei, da es unsere letzte Station der 12 Wochen war.

Das Gepäck nahmen wir heil und vollständig entgegen und machten uns auf den Weg zum Ausgang. Da wir nicht wussten, wie wir zu unserem Hostel kommen sollten, ging ich zur Information. Hannah wartete mit dem Gepäck bei der Bushaltestelle. Ich stand nicht alleine dort und wartete brav in der Reihe, die eigentlich keine war. Nach und nach kamen die Leute dran. Als ich fast am Schalter war bemerkte ich, dass die dazu kommenden Leute um die Ecke einer Säule gingen und mit einem kleinen Zettel in der Hand wieder kamen. Da ich neugierig bin und es irgendwie komisch war, sah ich nach. Da war ein Automat wo man eine Nummer ziehen musste, um an der Information dran zu kommen. Na klar, wir waren in Schweden!!! Aus einem bekannten Möbelhaus kenne ich das. Da muss man bei der Möbelabholung ebenfalls eine Nummer ziehen. Gut, also zog ich eine Nummer und stellte mich zu den anderen Wartenden, wo nun einige eher dran kamen. Nach einer Weile war ich endlich an der Reihe. Die Frau am Schalter sprach Englisch, was gut war, denn ich konnte kein Schwedisch. (Ich würde es gerne können, aber leider bin ich nur sprachinteressiert und nicht sprachtalentiert.)

Ich bekam die Auskunft, welchen Bus wir nehmen sollten und wo wir aussteigen müssten. Es fiel mir schwer, aber ich versuchte mir die Informationen zu merken. Hannah hatte schon mal geschaut, wie das mit den Bussen funktionierte und wo welcher fuhr. Es gab auch da eine Reihe, in die man sich stellen musste, um dann in den Bus zu steigen. Allerdings brauchte man dort keine Nummer. *grins*

Es dauerte nicht lange bis unser Bus kam. Wir stiegen ein und fuhren los. Ich versuchte die

Haltestellen mit zu zählen und die angesagten Haltestellennamen zu verstehen. Aber das war gar nicht so einfach. Es gab keine wirklich sichtbaren Haltestellen, der Bus hielt nur, wenn jemand aussteigen wollte und die Namen klangen für mich in Schwedisch alle gleich. Nach einer Weile dachte ich, dass jetzt unsere Haltestelle angesagt wurde. Es hätte vom Zählen auch gepasst. Zwar war ich mir absolut unsicher, aber was sollten wir tun? Ich drückte den Haltewunsch, ohne die Haltestelle vorher gesehen zu haben.

Mitten auf der Autobahn, auf einer Brücke, über einer anderen Autobahn, hielt der Bus und wir stiegen aus. Blieb uns ja nichts weiter übrig. DAS WAR EINE HALTESTELLE??? Wir hatten schon viele komische gesehen, aber die...!?

Wir (jede von uns mit ihren zwei Rucksäcken mit 20 und 8 Kilo) standen nun auf einer Autobahn in Stockholm. Es war um die 20 Grad und wir waren total k.o.. Nun hieß es, los laufen und Hostel suchen. Zuerst mussten wir von der Brücke runter. Durch eine Unterführung und durch ein eher unschönes Wohnviertel. Hannahs Laune sank immer mehr und auch ich war echt fertig. Wir liefen weiter, obwohl wir keine Ahnung hatten, wo wir waren. Dann kamen wir an einen belebten Platz. Dort war auch ein Krankenhaus, wovor wir uns erst mal nieder ließen und die Rucksäcke ablegten. Nach einer kurzen Pause ging ich in das Krankenhaus, da hoffte ich jemand zu finden, der uns weiter helfen konnte. Leider konnte dort am Empfang niemand Englisch. Vor dem Gebäude war ein Taxistand, dort musste doch jemand Englisch können. Wir fanden einen Taxifahrer der uns verstand, aber seine Antwort haute uns um. Der Weg zum Hostel würde etwa eine halbe Stunde dauern und uns etwa 30 € kosten. WOW. Das ging gar nicht. Wir hatten nur wenig Taschengeld und verstanden die Welt nicht mehr. Der am Platz fahrende Bus fuhr nicht in unsere gewünschte Richtung. Und nun? So besprachen wir uns kurz, brachten den Weg in Erfahrung und liefen weiter. Wir liefen und liefen und liefen. Unsere Laune war schon in der 3. unteren Etage einer Tiefgarage angekommen und die Kräfte ließen rapide nach. Hannah musste ihren Frust raus lassen, ich verkniff mir jegliche Ausbrüche. Der Weg zog sich und es wurde immer schwerer. Alles tat weh, die Gurte schnitten in die Haut und das Gewicht schien sich verdoppelt zu haben.

Immer der Nase nach und weiter. Dann kamen wir um eine Ecke und ENDLICH war der Straßenname zu lesen. Nach einer Ewigkeit (etwa 40 Minuten) hatten wir die Straße unserer Hosteladresse gefunden. Nun konnte es nicht mehr weit sein. Und tatsächlich, da erschien es plötzlich vor uns. Aber was war das? Wir mussten einen Weg nach Oben laufen, denn das Hostel lag an einem Hang. Der war nicht so hoch, aber schon die 20 Meter Anstieg waren eine echte Herausforderung. Ok, die letzten Kräfte wurden aktiviert. Schnaufend und absolut fertig kamen wir ENDLICH im Hostel an. Was für eine Erleichterung. Geschafft...

Das Hostel war ein flaches Gebäude im Grünen. Innen war es wie auf einem Schiff. Ein langer Gang ohne Fenster, mit vielen Türen auf beiden Seiten, führte zu unserem Zim..., nein unserer Koje. Es war ein Raum, etwa 2 x 5 Meter. Darin befanden sich 2 Einzelbetten nebeneinander (ohne Platz dazwischen oder danebenn), neben der Tür ein Schreibtisch mit einem Stuhl, ein Sessel zwischen Tisch und Bett, sowie ein Spiegel an der Wand. Alles was wichtig war, auf kleinstem Raum. Und als unsere Rucksäcke noch da rein mussten, schrumpfte der begehbare Platz auf etwa 1 x 1 Meter vor der

Tür. Egal, wir hatten schon viel erlebt und wir waren zufrieden. Es war gemütlich. Das Gemeinschaftsbad befand sich am Ende des Gangs, es war geräumig und sauber. Die 5 Nächte sollten dort aushaltbar sein, auch weil die Zimmer keine Fenster hatten, im Sommer ganz praktisch, weil es da in der Nacht nicht richtig dunkel wird. Aber das mit dem Schlafen sollte trotzdem nicht so einfach sein.

Midsommar in Schweden

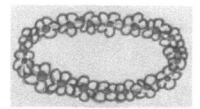

Wir landeten am 20.6. in Stockholm. Es war unser letztes Ziel und 11 Wochen Abenteuer lagen hinter uns. Ich wollte unbedingt nach Schweden, besonders zu dem Datum. Der 21.6. ist mein Geburtstag und in Schweden wird da Midsommar gefeiert, wegen der Sommersonnenwende. Das wollte ich unbedingt Mal miterleben.

Am Abend vorher hielt ich mich bis zum Abend wach, da ich in den Rhythmus finden wollte und auf Schlaf in der Nacht hoffte. Aber es sollte anders kommen. Wir gingen gegen 23 Uhr ins Bett und schliefen auch ziemlich schnell ein. Gegen 2 Uhr war ich wach. Ich drehte mich hin und her, zählte Schafe, kniff die Augen zu und versuchte mich nicht zu bewegen. Es half alles nichts. Gegen 3 Uhr schlich ich mich aus dem Bett, um ins Bad zu gehen. Aber ich brauchte nicht schleichen, Hannah war ebenfalls wach. So gingen wir beide ins Bad. Hannah sang mir mitten in der Nacht, im Gemeinschaftsbad, ein Geburtstagsständchen. Das war echt süß. Es war hell und uns war nicht mehr wie schlafen. Aber wir legten uns wieder hin und versuchten ein paar Minuten wieder in den Schlaf zu finden. Dann begannen wir uns über die letzten Wochen zu unterhalten. Auch das Quatschen machte uns nicht müde. Es war echt verhext. Nach über 24 Stunden wach und unterwegs sollten nicht mal 3 Stunden Schlaf ausreichend gewesen sein!? Gegen 4 Uhr stellte Hannah Schokomuffins, Kerzen und eine ganz lieb geschriebene Karte auf den Schreibtisch. So kam es, dass ich das erste Mal in meinem Leben, zum 29. Geburtstag, früh um 4 begann zu feiern.

Nach den Muffins überlegten wir, was wir nun tun sollten. Es war hell und wir waren irgendwie wach, aber Frühstück gab es erst ab 7:30 Uhr, im Fernsehen kam nichts, auf den Straßen war noch nichts los und wir waren ganz schön k.o.. Wir legten uns wieder hin und versuchten erneut zu schlafen. Wieder drehten wir uns hin und her, zählten Schafe und kniffen die Augen zu. Es half Alles nichts, so unterhielten wir uns. Die letzten Wochen waren so aufregend und abenteuerlich, da hatten wir nun Mal Zeit alles zu reflektieren und auszuwerten. Aber wir hatten noch nicht ganz verstanden, was wir alles erlebt und gesehen hatten. Die Orte, die wir besuchten, das Glück dass wir oft hatten, die Menschen, die Sehenswürdigkeiten... All das brauchte Zeit, bis es im Kopf klar war.

7:30 Uhr bekam ich die erste Geburtstags-SMS. Ich freute mich sehr, denn ich war ja schon lange wach und wartete auf Glückwünsche. Nein, ich wartete nicht wirklich, nur mein Geburtstag begann ja nun schon eher als gedacht. Aber das konnten meine Leute ja nicht wissen. Und ich gönnte meinen Lieben auch von Herzen den längeren Aufenthalt im Traumland. Uns war das leider, nach so vielen Ortswechseln, Zeitzonen und Schlafstätten, nicht möglich. Es war noch nicht mal die Helligkeit der Nacht der Grund, denn von der bekam man im Zimmer ja kaum was mit.

Gegen 8 Uhr machten wir uns fertig und gingen zum Frühstück. Es gab ganz leckere Sachen, genau richtig für den Tag. Es war Midsommar, der längste Tag im Jahr und überall in Schweden war das ein Feiertag. Es sollte verschiedene Veranstaltungen in den blau und gelb erstrahlenden Städten geben, auch in Stockholm. An der Rezeption fragten wir, wo man an diesem Tag hingehen könnte. Der Weg wurde uns mit einem Stadtplan gut erklärt. Es gab zwei Orte die uns empfohlen wurden. Um 10 Uhr machten wir uns auf den Weg zu einem Park. Wir mussten mit einer S-Bahn fahren. Nachdem wir die Tickets am Schalter gekauft hatten, den Zug fanden und drin saßen, mussten wir wieder die passende Haltestelle finden. Schwedisch ist eine tolle Sprache, aber ich verstehe sie leider nicht. Wir sahen uns die vorbeiziehende Landschaft an, zählten und horchten nach den Haltestellen. Nach einer Weile verstand ich den Namen einer Haltestelle die NACH unserer kommen sollte. Ach je, wir hatten sie verpasst. Und nun? Wir blieben sitzen, fuhren bis zum Ende und wieder zurück. Schließlich hatten wir Zeit und so sahen wir gleich noch was von der Stadt. Nach etwa 40 Minuten kamen wir an der richtigen Haltestelle an und stiegen aus. Der Weg zum Park war gut zu finden, das Wetter war schön. Alles prima. Noch vor 12 Uhr kamen wir im Park an, um pünktlich den Beginn der Feierlichkeiten zu sehen. Viele Familien saßen auf den Grünflächen in der Mitte des Parks. Es herrschte reges Treiben auf dem Platz. Stände mit Blumenkränzen, Getränken, Spielzeug und verschiedenen Leckereien standen am Rand.

Auf den im Halbkreis angeordneten Stufen ließen wir uns nieder, von dort hatten wir eine gute Sicht auf den Platz. Dann ging es los. Viele Leute sammelten sich auf dem Platz und ein wichtig aussehender Mann, vielleicht der Bürgermeister oder der Midsommarbeauftragte, hielt eine Ansprache. Dann wurde eine Art Maibaum mit Kränzen auf den Platz getragen und in der Mitte aufgestellt. Musik ertönte. Die ganze Menschenmasse begann sich im Kreis um den Baum zu bewegen. Von unserem Standpunkt sah das aus wie eine Völkerwanderung. Die Menge sang, klatschte und tanzte Bewegungen, ähnlich wie beim Ententanz. Das war lustig anzusehen und die Menschen hatten sichtlich Spaß. Es gab mehrere Strophen in denen es, den Bewegungen nach, um Elefanten, Frösche und andere Tiere ging. Da auf Schwedisch gesungen wurde, verstanden wir leider nichts, aber die Bewegungen ließen uns teilhaben. Dann folgten noch kleinere Beiträge von Musikanten, Sängern und Tänzern. Die Atmosphäre war gemütlich, mit einer fröhlichen Stimmung. Aber irgendetwas fehlte uns noch. So entschieden wir uns noch in einen anderen Park zu fahren.

Ohne Probleme kamen wir an, aber es war nicht einfach nur so ein Park, es war eine Art Museum mit Zoo und kostete Eintritt. Nach einer Weile entschieden wir uns hinein zu gehen, obwohl unser Taschengeld knapp bemessen war. Aber wir waren ja nur ein Mal dort und wollten noch was erleben. Drinnen war alles geschmückt und gemütlich gestaltet. Kleine typische schwedische Häuser, Läden von vor ein paar Jahren, verschiedene schwedische Tiere und Pflanzen gab es zu sehen. In der Parkmitte befand sich ein Platz, der ebenfalls mit einem Baum geschmückt war. Viele Leute waren dort, aber das Tanzen war schon vorbei. So schlenderten wir durch den Park.

Dann traf ich durch Zufall eine Schulfreundin, die ich über ein Jahr nicht mehr gesehen hatte. Es war wirklich verrückt. Am Morgen schickte ich im Internet eine kurze Meldung, dass wir gut in Stockholm gelandet waren. Außerdem schrieb ich einer Freundin, die wir in Afrika kennen gelernt hatten und die am selben Tag wie ich Geburtstag hat, eine persönliche Nachricht. Sie wohnt in Schweden, aber ich wusste nicht, wo sie zu der Zeit war. Also gratulierte ich ihr zum Geburtstag und schrieb dann: " Ich bin in Stockholm, wo bist du?".

Vielleicht hätte man sich ja treffen können. In der S-Bahn bekam ich einen Anruf. Ich sah die Nummer, sowie den Namen und freute mich, dass diese Freundin an mich gedacht hatte. Das Erste was sie sagte war: " Ich bin in Stockholm! Wo bist du?". Hähhhh... Ich verstand gar nichts. Keine von uns wusste, dass die Andere zu der Zeit in Stockholm sein würde. Aber dank des Internets fanden wir uns im Museumspark, an Midsommar und meinem Geburtstag. Eine wirklich schöne Überraschung.

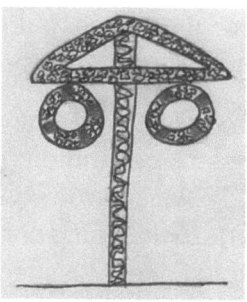

Auf der Rückfahrt waren wir richtig k.o., so sehr, dass Hannah in der S-Bahn einschlief. Es war auch ein echt langer Tag. Im Hostel gönnten wir uns noch ein paar Schnittchen und gegen 23 Uhr fielen wir völlig fertig ins Bett. Aber auch in dieser Nacht war mir nicht viel Schlaf vergönnt. So blieb ich die 5 Nächte *Schlaflos in Stockholm*.

Essen auf Reisen - Was sind die Grundnahrungsmittel?

Meine Lieben sind immer besorgt, dass ich auch ja genug esse. Das hab ich getan. Aber wenn man in andere Länder reist, dann muss man auch mit anderen Sitten und Essensgewohnheiten klar kommen. Vor allem, wenn der Geldbeutel keinen Platz für großartige Gaststättenbesuche hat. In den meisten fernen Ländern schmeckt wenigstens das Obst und Gemüse viel besser, als in Deutschland. Manchmal ist es aber auch teurer als andere einfache Nahrungsmittel.

Einen Apfel gönnte ich mir hin und wieder. Süßigkeiten (unsere bekannten und geliebten aus Deutschland) waren meist am teuersten und so absoluter Luxus. Nur sehr selten kaufte ich etwas Schokoladiges. Müsliriegel kauften wir ziemlich oft. Die waren praktisch zum mitnehmen, waren etwas süß, relativ wärmeunempfindlich und gaben Energie. Naja, wenn man so lange unterwegs ist, muss man Abstriche machen. Wir lernten damit zu leben.

Aufgrund unseres Budgets haben wir oft Fertigprodukte gegessen. Als wir in Neuseeland waren, kam eine Studie im Fernsehen, dass die Menschen bis dahin (Mai 2013) etwa 7 Milliarden Instantsuppen gegessen hatten. Wir haben in den Wochen vorher maßgeblich dazu beigetragen. Das war oft das billigste Essen, was wir im Supermarkt fanden. Und wenn wir den Luxus hatten, einen Wasserkocher im Zimmer zu haben, dann haben wir das genutzt. Und so schlecht schmecken die auch gar nicht.

Wir haben aber auch noch andere Dinge zu uns genommen. Brot, Aufstriche und Salat kauften wir meist in größeren Packungen und teilten sie uns. Die Packungen wurden dann über mehrere Tage lang vertilgt. Durch den Klimawechsel, die vielen Aktivitäten, Eindrücke und viele Zeitverschiebungen war mein Appetit irgendwie nicht so groß. Die wenigen Mahlzeiten waren für mich ziemlich ausreichend. Da war eher Trinken wichtiger.

Wenn wir in Hostels oder Hotels waren, kauften wir größere Mengen für mehrere Tage. Und eben Instantnudeln. Oder wir gönnten uns eine Pizza, wenn es möglich war.

Auf den Touren hatten wir meist Frühstück (pappiges ungetoastetes Toastbrot, Marmelade, Cornflakes, Säfte, Milch, Tee, Kaffee) dabei. Unterwegs gab es dann meist ein schnell zusammen gepapptes Sandwich. Meist aus dem Frühstücks-Toastbrot oder weißen Brötchen, mit Tomaten, Salatblättern, Scheibenwurst, Scheibenkäse, Mayonnaise und Gurken. Es war ganz lecker und reichte für mich aus. Abends wurde dann hin und wieder am Feuer gekocht, oder es gab verschiedene schnell gemachte Gerichte. An manchen Tagen waren wir in Gaststätten essen, da gab es dann "ala carte" Essen. Das war eher die Ausnahme, aber es war lecker.

Ich fand es nicht so schlimm, auf ein paar geliebte und leckere Mahlzeiten zu verzichten. Dafür habe ich sehr viel gesehen und erlebt. Und umso mehr freute ich mich auf das Essen in Deutschland. Wenn ich nach einer Reise nach Hause komme, darf ich mir ein Essen wünschen, was meine Mutti dann für mich kocht, oder mir zumindest die Zutaten schon besorgt hat. Auch meine Oma kocht mir dann in den Tagen danach ein Wunschessen. Da ist es doch kein Wunder, warum ich meine Familie vermisse, oder!? Nach diesen 3 Monaten wünschte ich mir (wie schon oft davor) Kartoffeln mit Quark und Leberwurst. Ich mag das Essen sehr, denn statt Kartoffeln gibt es in den meisten fernen Ländern Reis. Und Quark, den gibt es auf der Erde nur selten in anderen Ländern.

Eine bekannte Fastfood-Kette gibt es allerdings weltweit. Und dort gibt es auch immer das gleiche Angebot wie in Deutschland. Aber Vorsicht, die Zutaten können variieren. In Neuseeland gönnten wir uns so billige, aber erst mal sättigende Burger. Die Verkäuferin hinter der Theke guckte mich leicht verwundert an, als ich 4 Burger orderte. Es war eine Bestellung für Hannah und mich, aber Hannah wartete draußen. Ich bekam meine Bestellung und so hatten wir wieder was im Bauch. Praktisch und günstig.

In Orten wo Englisch noch nicht so verbreitet ist, gingen wir oft Pizza essen. Da bestellten wir nur die Pizza Magarita. Die gibt es in allen Ländern der Welt und hat immer die gleichen Zutaten darauf. Sie macht satt und ist meist die billigste. Außerdem kann man die gut teilen.

In den Hostels gab es meistens auch Gemeinschaftsküchen. Die hygienischen Bedingungen und die Sauberkeit des Besteckkastens sowie der Töpfe war jetzt nicht wie von zu Hause gewohnt, aber es waren Küchen. Dort konnten wir uns auch mal Nudeln kochen. Meistens wuselten noch andere Hostelianer um uns herum, besonders, wenn wir zu den typischen Essenszeiten kochen wollten. Aber das muss man dann hinnehmen, wenn man was essen wollte.

Aber wichtig ist, man muss sich auch mal was gönnen und wenn Ihr die Möglichkeit habt, dann besucht in jedem Land eine Gaststätte. Wir haben in Australien und Neuseeland mit den

Gruppen auch Restaurants besucht. Und als wir alleine in Vancouver waren, da leisteten wir uns einen richtigen Restaurantbesuch. Wir bestellten sogar einen Tisch. Es war die "Old Spagetti Factori". Täglich standen Menschen vor dem Eingang, die auf einen Tisch warteten. Also bestellten wir uns einen Tag vor unserem Besuch einen Tisch. Es war ein besonderer Tisch in einem alten Bahnwagon. Ein sehr schickes Etablissement mit Charme und etwas urig. Wir bestellten uns Spagetti, es gab einen Salat und ein Dessert dazu. Ein richtig edles 3 Gang-Essen, was wir uns verdient hatten.

Deutschland ist eines der Länder, in dem es das größte Angebot an Brotsorten gibt. Dunkles Brot ist auf vielen anderen Kontinenten leider unbekannt. Eine schöne Schnitte Schwarzbrot mit echtem Käse und Wurst, oder Leberwurst, dass blieb 11 Wochen unerfüllt. In Schweden fanden wir einen Supermarkt, den es auch in Deutschland gibt. Dort gönnten wir uns Schwarzbrot, Mozzarella, Tomaten und saure Gurken. Ein Traum.

Es ist Wahnsinn wenn man erkennt, dass einem selbst Nahrungsmittel fehlen, die man sonst eigentlich nur selten isst.

In jedem Land gibt es landestypische Nahrungsmittel oder Gerichte die von den Einheimischen zubereitet und gegessen werden. Es lohnt sich diese zu probieren, wenn man ein Mal in diesem Land ist. Allerdings hatte ich bei Manchem meine Probleme.

In Australien gab es viel Fleisch. Rind, Schaf und Hühnchen kannte ich, aber dort gab es Känguru. Klar, es bietet sich an, aber im ersten Moment klang das komisch. Ich kannte diese putzigen Tiere nur aus dem Zoo. An einem Abend saßen wir als Reisegruppe in einer Campinggaststätte und bekamen Känguru serviert. Vielleicht lag es daran, dass es schon kalt geworden war, es zäh schmeckte und in meinem Mund immer mehr wurde, aber das eine Mal Probieren reichte mir völlig. Die Emu-Pizza war da schon eher mein Geschmack. Allerdings konnte ich den genauen Emu-Geschmack nicht raus schmecken, denn die weiteren Zutaten der Pizza übertünchten diesen. Aber sie war warm und lecker.

In Neuseeland gab es viele Meeresfrüchte, Hummer und Fisch. Fisch esse ich ganz gerne, aber Meeresfrüchte mag ich gar nicht. Einen Abend grillte Vroni für uns Muscheln. Ich probierte eine. Sie war glibbrig, zäh und salzig.

Bäh... Da kann man gleich Schnecken essen. Ich verstehe nicht, wie Leute für so was viel Geld bezahlen können. Andermal gab es frischen Hummer. Das heraustrennen des Fleisches war ganz schön Arbeit, die Vroni für uns übernahm. Geschmacklich war es eine Mischung aus Hähnchen und Fisch. Kann man essen, aber muss ich nicht. Die Schokolade in Neuseeland ist ganz lecker. Besonders die dunkle mit Minze. Wenn man in Neuseeland ist, kommt man nicht um eine Weinverkostung herum. Ich als Nichttrinkerin hab nur daran genippt. Die Anderen in meiner Gruppe fanden den Wein toll.

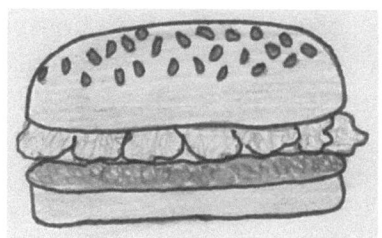

In Amerika gab es viele Fast-Food-Ketten. So aßen wir manchmal schnell was auf die Hand. Nicht so oft, aber hin und wieder. Eines wollte ich unbedingt probieren. Aus verschiedenen Filmen kannte ich die "Corn-Dogs". In Deutschland hab ich die noch nie gesehen. In

San Francisco kaufte ich mir einen. Es ist ein Würstchen in einer Art Maisteig gebacken, ähnlich wie Hot Dog, nur komplett ummantelt. Der Eine schmeckte gut, aber viele hätte ich davon nicht essen können. Es ist auch unglaublich, wie viele Geschäfte einer berühmten Cafe-Kette in den einzelnen Städten zu finden sind. An jeder Ecke gab es dieses Geschäft, wo man seinen Kaffee in gefühlten 37 Arten bekommen kann. Irre...
In Schweden aßen wir eher europäisch, nach vorher 11 Wochen ohne. Was mich richtig ärgert ist, dass wir dort keine Köttbullar gegessen haben. Die im Möbelhaus sind immer so lecker. Hätte gerne gewusst, ob sie vor Ort noch besser schmecken. Haben wir irgendwie vergessen!? Vielleicht bekomme ich ja noch mal die Gelegenheit.

45 verschiedene Schlafstellen und 45 Mal neu packen

Von Anfang an stand fest, dass wir verschiedene Schlafunterkünfte haben würden. Das war auch kein Problem, da wir schon Einiges gewöhnt waren. Und da unser Budget nicht so groß war, mussten wir auch Abstriche machen. Wobei es immer eine Erfahrung und ein neues Erlebnis ist, wenn man wieder ein neues Schlafquartier bezieht.

Während der 12 Wochen hatten wir 45 verschiedene Betten. Das hieß auch 45 Mal packen.

Da wir schon oft gereist waren, wussten wir was auf uns zu kam. Aber wir waren noch nie auf so einer Reise. Und 3 Monate mit vielen Ortswechseln, das war oft ganz schön anstrengend. Die ersten Male hat mich das noch nicht ganz so gestört. Ich freute mich auf die neuen Orte und Erlebnisse. Aber wenn es noch vor dem Sonnenaufgang hieß: wach, angezogen, gefrühstückt und gepackt sein zu müssen, da war es schon etwas anstrengend. Zumal wir am Abend auch nicht so früh ins Bett kamen. Wer so eine Art von Reisen wählt, in der Gruppe mit viel sehen, der muss sich darüber im Klaren sein, dass er nicht viel Schlaf bekommt. Wir versuchten die Tage zwischen den Touren zu nutzen, um unseren Schlafakku wieder aufzuladen. Was uns in vielen Unterkünften leider nicht gelang.

Australien war unsere erste Station der 12 Wochen. Die erste Nacht im 10-Bett-Zimmer. war die schlimmste. Dann ging es nur noch besser. Während der Tour schliefen wir vom SWAG (einem großen Schlafsack über dem normalen Schlafsack), also quasi im Freien, bis hin zur angenehmen Unterkunft in Hostels, mit Mehr-Bett-Zimmern. Wenn man mit einer festen Gruppe unterwegs ist, wo man den gleichen Rhythmus hat und zur selben Zeit ins Bett geht und wieder aufsteht, da geht das auch noch. Außerdem wusste man, wer das ist und brauchte sich nur wenig Sorgen um seine Sachen machen. Das war schon ok, die Gruppe war echt toll. In Sydney war es das erste Mal, dass wir, nach über 2 Wochen, alleine entscheiden konnten, wann wir aufstehen. Wir waren alleine in einem Doppelzimmer, mit eigenem Bad! Das war das Highlight und sooooooooo schön. Als wir das sahen, da hätte ich heulen können. Ich rief meine Mutti an und musste ihr unbedingt davon erzählen. Nach über 2 Wochen hatten wir wieder Privatsphäre. Das nutzten wir, um länger zu schlafen und uns ordentlich zu erholen. Das war dann echter Urlaub. Dort konnten wir ein wenig die letzten 2 Wochen verarbeiten und etwas zur Ruhe kommen. So schön das Reisen ist, man braucht auch zwischendurch immer mal eine Pause und will irgendwo ankommen. Sydney war da genau richtig dafür. Es ist eine super schöne Stadt, es gibt viel zu sehen, aber es ist nicht zu hektisch. Die Leute sind hilfsbereit und freundlich. Eine entspannte Weltstadt mit viel Flair und schönen Sehenswürdigkeiten. Auch wenn der Erste Eindruck laut und hektisch war, dass lag daran, dass wir aus dem stillen und menschenleeren Outback kamen. Als ich die Stadt erlebt habe, fand ich sie sehr schön.

In Neuseeland hatten wir eine Tour von Auckland ein Mal die zwei Inseln lang und wieder zurück. 6 Tage vor Beginn landeten wir in Auckland und hatten noch Zeit, uns seelisch und moralisch auf die kommenden 3 Wochen vorzubereiten. Dann besichtigten wir die beiden Inseln. Das war eine sehr schöne, erlebnisreiche und abwechslungsreiche Tour. Von der Großstadt zum unberührten Sandstrand, über grüne Felder, Farnwälder, atemberaubende Seenlandschaften bis zum Gletscher. Alles dabei und sehr beeindruckend. Allerdings waren oft lange Strecken im Kleinbus zurück zu legen. Aber auch die Fahrten vorbei an schneebedeckten Gipfeln, Weinfeldern und Kiwiplantagen. Es gab immer was zu sehen. Ebenfalls hieß es hier oft früh aufstehen und packen. Die Zeit in Neuseeland ließen wir die letzten 2 Tage wieder in Auckland ausklingen. Aber da nervte das Packen schon etwas mehr, auch weil ich nun mehr Mitbringsel zu transportieren hatte und meine Sachen dort endgültig ALLE dreckig waren.

In Amerika starteten wir 6 Tage in Los Angeles. Da hatten wir leider kaum Möglichkeiten zu schlafen, aber auch diese Tage waren wichtig, um zu verarbeiten und sich neu zu sortieren. Außerdem hatten wir Jetlag, was ein paar Tage andauerte. Und es war wärmer als in Neuseeland. Das war angenehmer und brachte mehr Urlaubsgefühl. Die Tour ging nur 8 Tage, wir verbrachten jede Nacht wo anders. Unter anderem im Zelt. Das war echt super. Wir kamen am Zeltplatz an, unser Guide wies uns kurz ein und dann ging es ans Zelt aufbauen. Innerhalb von 10 Minuten standen alle Zelte, das war Rekord. So schnell, gleich am Anfang und wir zwei Mädels, da waren wir stolz auf uns. Und so ein Zelt ist ganz bequem. Außerdem hatten wir so wieder ein bisschen mehr Privatsphäre, als im 10-Bett-Zimmer. Bis auf die Geräusche. Aber wir hatten auch eine Übernachtung in einem echten super klasse Hotel in Las Vegas. Leider waren wir da nur für ein paar Stunden und zum Schlafen. Aber schon das Bad und das Ambiente waren, im Vergleich zu dem staubigen, engen Zelt, echt der Hammer.

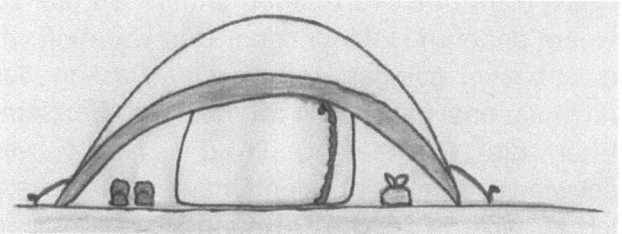

In San Francisco hatten wir das wohl abscheulichste Hostel, das ich je gesehen hatte. Die 3 Nächte waren echt Horror. Dann suchten wir uns Hotels im Internet. Das waren an sich ganz gute Hotels, aber die Lage und das Umfeld hatten wir vorher nicht bedacht. Allerdings hatten wir immer Glück und dadurch keine größeren Probleme.

In Vancouver hatten wir ein überschaubares aber ausreichendes Doppelzimmer in einem eher geringer einzustufenden Hotel für 4 Nächte gebucht. Das kleine Bad hatte eine Falttür, ganz niedlich und für uns hat es gereicht.

Das letzte Hotel in Seattle haben wir dann vor Ort umgebucht, weil der Taxifahrer uns nicht in das von uns gebuchte Hotel fahren wollte. Er meinte es sei zu weit weg, zu unsicher in der Gegend und nichts für uns. Wir wollten unser Glück nicht überstrapazieren und ließen uns zu einem anderen Hotel bringen. Das war einfach, aber besser gelegen und ok. Das Packen war nach ein paar Wochen nicht mehr das Problem. Eher die Orientierung in der Nacht war schwierig. Durch die vielen Ortswechsel wusste ich oft nicht in welche Richtung ich nachts das Bad suchen musste.

In Schweden hatten wir für 5 Nächte ein Hostel gebucht. Ein enges Zimmer ohne Fenster. Nur über der Tür war eine Scheibe eingesetzt, wo man etwas vom Flurlicht sehen konnte. Aber zu dieser Zeit, Midsommar, war es die ganze Zeit taghell und somit für die Touristen wichtig, um wenigstens ein paar dunkle Stunden zu haben. Allerdings hatten wir so ein heftiges Jetlag, dass an Schlafen nicht wirklich zu denken war. Unser

Kopf war voll mit Eindrücken, Erlebnissen und unser Akku war leer. Wir nutzten die letzten Tage unserer Reise, um einfach noch ein bisschen zu entspannen, die Wochen zu verarbeiten. Die meiste Zeit gingen wir einfach durch die Straßen, sahen uns ein paar Sehenswürdigkeiten an, aber für großartige Unternehmungen fehlte uns die Lust und die Kraft. Außerdem gaben wir unser letztes Geld für Mitbringsel aus. Es war der letzte Stopp und ich wollte noch ein paar Sachen in Stockholm lassen. Daher hatte ich wieder etwas mehr Platz. Das letzte Packen war das komischste. Einerseits war es schön, endlich wieder nach Hause zu kommen, andererseits, die 12 Wochen waren vorbei. Beim letzten Verstauen der Sachen achtete ich nicht mehr auf die ordentliche Sichtung der Kleidung. Es kam einfach alles rein. Einiges wurde noch zum Einpacken der bruchgefährdeten Mitbringsel genutzt, aber sonst war es nicht mehr wichtig.

Alles in allem haben wir die 12 Wochen, das viele Packen und die vielen Nächte in verschiedensten Betten gut überstanden. Aber wenn ihr so eine Reise wagen wollt, dann überlegt euch das gut!!! Ihr dürft nicht zu perfektionistisch sein, was die Sachen, das

Packen oder das Schlafen angeht. Und ihr braucht gute Nerven, sowie einen guten Orientierungssinn. Ich hatte noch ein paar Nächte zu Hause zu tun, zu überlegen, zu welcher Seite ich nachts aus dem Bett krabbeln muss. Da hatte ich die ersten Nächte ein, zwei blaue Flecke, da ich mich manchmal nicht richtig entscheiden konnte.

Das Waschverhalten als Backpacker

Wenn man 3 Monate mit einem großen Rucksack auf Reisen ist, ist es mit den Klamotten so eine Sache. Am Anfang ist alles noch sauber, frisch und ordentlich zusammen gelegt. Das ist in einem Rucksack nicht so einfach, aber wenn man sich Mühe gibt, ist es machbar. Ich hatte ein System. Nicht so einfach, aber ich hatte einen guten Plan. Fand ich.

In einen 50 l + 10 l Rucksack passt so Einiges rein.

Mein System:

in das Fach unten: Schlafsack, eine dünne Decke, ein kleines Kissen, Badeschuhe, ein Pajero, ein großes Badetuch = Dinge die ich abends/nachts bzw. für die

Bettgehsituation oder zwischendurch mal brauche

großes Fach (von Unten nach Oben):

Schuhe, Hosen, T-Shirts, Longshirts, Tops, kleines Handtuch, Strickjacken = bevorzugt alles in Plastiktüten verpackt

Dann packte ich noch fertige Outfits zusammen, in 3 Tüten:

ein Mal warme Sachen, ein Mal mitteldünne Sachen und ein Mal dünne Sachen

ganz Oben drauf:

Tüte mit Unterwäsche, Tüte mit Socken, Tüte mit Badezeug, Duschbad, Waschtasche = Dinge die man immer mal spontan oder öfters brauchen wird

Diese Ordnung hielt etwa 1 1/2 Wochen (von 12). Ab dieser Zeit versuchte ich die dreckigen Sachen oben zu lassen, aber spätestens im australischen Outback war ALLES dreckig. Der rote Sand fand sich in allen Ritzen des Rucksacks wieder. Ich hatte es aufgegeben, nach sauberen Sachen zu suchen.

Natürlich ist Waschen auf Reisen nicht so einfach. Ich hatte eine Tube Waschpaste für die Reise mitgenommen. Das Waschen mit der Hand ist das Eine. Einen Platz zum Trocknen zu finden das Andere. Besonders wenn man immer nur eine Nacht irgendwo ist. So nutzten wir jede Gelegenheit, unsere Lumpen zu waschen. In vielen Hostels gab es Waschmaschinen. Waschpulver konnte man an der Rezeption käuflich erwerben. Ein Waschgang und das Waschmittel kosteten zusammen etwa 8 Dollar (ca. 5 Euro). Der Trockner kostete noch mal so viel. Das Budget von Backpackern ist sehr knapp bemessen, also wurde die Waschmaschine als Luxus deklariert und wurde nur selten genutzt. Wenn wir uns diesen Luxus dann aber doch leisteten, dann immer mit einem mulmigen Gefühl. Man konnte nie sagen, wie die Wäsche nach dem Waschgang aussah. Die Waschprogramme ließen nicht viel Auswahl zu und wir schmissen meist alles mit einem Mal rein, da wir ja nur selten diesen Luxus hatten. Das Budget gab nicht mehr als eine Wäsche her. Die Vorfreude auf saubere und gut schnuppernde Kleidung war riesig. Leider wurde sie oft jäh enttäuscht.

Besonders ein Mal. Die letzte Wäsche in Neuseeland sollte unsere Sachen fein für Amerika machen. SOLLTE. Als wir uns freudestrahlend auf die Waschmaschine lehnten und in die Trommel schauten, sahen wir schon das Unglück. Die Sachen waren noch dreckiger als vorher. Überall klebten Fusseln und Papier dran. Die schwarzen Sachen hatten weiße Flecken und gut gerochen haben die Lumpen auch nicht. Die andere Maschine mit den hellen Sachen (wir gönnten uns 2 Waschgänge) war nicht geschleudert und noch klitschnass. Da half auch das Auswringen nicht viel. Die Klamotten trieften vor sich hin.

Wie gut das wir noch 2 Nächte vor uns hatten und eine echt nervige, aber dafür praktische Klimaanlage im Zimmer. So dekorierten wir unser Zimmer mit den dreckigen und tropfenden Lumpen. Es sah nicht schön aus, aber es war nicht zu ändern. Einige Sachen waren so dreckig, dass wir sie noch mal per Hand im Waschbecken waschen mussten. Und wieder andere wurden gleich aussortiert. So konnte man nicht mehr rum laufen. Schade um die Waschladung und das Geld.

Am letzten Tag waren noch immer nicht alle Kleidungsstücke trocken, daher versuchten wir sie mit einem Fön zu trocknen. An sich auch eine gute Idee, aber nach etwa einer Stunde brannte der Adapter durch. Zum Glück funktionierte der Fön aber in Amerika wieder.

So lebten wir 12 Wochen. Aber nach etwa 9 Wochen waren mir die dreckigen Lumpen schon fast egal. Schließlich hatte ich nur diese und konnte nichts daran ändern. Ich lernte damit zu leben. Außerdem ging es Hannah ja auch nicht anders und so war es eben geteiltes Leid.

Ein paar Sachen sortierte ich zwischendurch aus. Es ist immer sinnvoll, ein paar Sachen von vornherein als "nur für da" Sachen zu deklarieren. So hat man dann auch gleich mehr Platz für Mitbringsel.

Die letzten Tage der Reise freute ich mich immer mehr auf eine Waschmaschine, frische Sachen und auch mal wieder ANDERE Sachen. Ist schon krass, was man so alles vermissen kann.

Als ich zu Hause ankam, nahm ich als Erstes eine schöne warme Dusche. Dann stellte ich mich vor meinen Kleiderschrank und schnüffelte erst mal den frischen Duft meiner Sachen. Es war so ein schöner Geruch. Ich nahm ein paar bequeme und gut duftende Sachen heraus und zelebrierte das Anziehen ein paar Augenblicke mit geschlossenen Augen.

Landschaften, Natur und (Groß-)Städte

Wenn ich ganz ehrlich bin, Australien stand auf meiner Reisewunschliste nicht ganz oben. Einige Leute aus meinem Familien- und Freundeskreis waren schon dort. Die Landschaft habe ich schon auf etlichen Bildern gesehen. Allerdings ist es was anderes, wenn man selber vor dem Ayers Rock oder der Oper in Sydney steht, man den roten Sand unter seinen Füßen spürt, oder ein Känguru vor einem auf der Straße hüpft. Die Landschaft Australiens ist sehr vielseitig. Angekommen sind wir in Melbourne, einer größeren Stadt. Dann ging es die Great Ocean Road lang, vorbei an traumhaften Küsten, Stränden und Felsgebilden. Etwas im inneren besuchten wir einen Wald. Dort standen sehr hohe, dicke und alte Bäume, die "Giant Trees". Es war eine Art tropischer Regenwald, mit Farnen, lianenartigen Verwachsungen und feuchter Luft. Weiter durch kleine Orte, mit manchmal nur 2 (fest gemeldeten) Einwohnern, aber für Touristen ausgestattet. Im Outback wechselte das Bild zu rotem Sand, Sträucher, trockene Büsche, etwas dürres Gras, karge Steinlandschaften und ausgetrocknete Seen. Die Orte lagen manchmal über 100 Kilometer entfernt, die durch lange einsame Straßen im Nirgendwo, verbunden waren. Wirklich beeindruckende Natur, mit wunderschönen, faszinierenden Tieren. Der Thorny Devel war das Lieblingstier unseres Fahrers. Während der Fahrt durch trockene wüstenähnliche Landschaft wurde der Bus plötzlich durch ein scharfes Bremsen gestoppt. Rob sprang aus dem Bus und kam mit einem ca. 15 Zentimeter langen echsenähnlichem Tier in der Hand wieder. "Das coolste Tier in Australien", stellte er uns seinen Freund vor. Er war ocker und braun gefleckt, hatte kleine abstehende Schuppen und sah dinomäßig aus. Es ist mir bis heute unklar, wie Rob dieses verrückte und doch so kleine Tier während der Fahrt und in dem getarnten Untergrund finden konnte. Es kam auch vor, dass ein Känguru neben oder auf die Straße hüpfte. Das war besonders nachts gefährlich, da Rob sie meist erst spät sehen konnte. Zwei, drei Mal war es knapp für das Känguru. Auf den Farmen gab es Lamas, Hunde, Kühe und Kamele. Auch die bunte Vogelwelt von Australien ist faszinierend. Die farbenfrohen Papageien schmückten viele triste Bäume. Gefährliche Spinnen, Schlagen, Skorpione haben wir zum Glück nicht gesehen. Und den ersten frei lebenden Koala sahen wir während einer Erkundungstour an einem Strand. Unsere Reiseleiterin sah ihn und sagte: "Hello Kevin!". Da war Kevin, unser erster Koala.

Aber unschlagbar waren die Sonnenauf und -untergänge, die dunklen Nächte mit ihren tausenden Sternen und die Ruhe im Outback. Die Großstadt Sydney sahen wir uns zum Ende in Australien an. Ein krasser Kontrast zu den Eindrücken des inneren Australiens, aber es lohnte sich.

Das Klima in Australien war in den Städten so um die 20 Grad und mit hin und wieder Regen. Wir waren im April dort, da ist in Australien Herbst. Im Outback ist es fast immer heiß und sonnig.

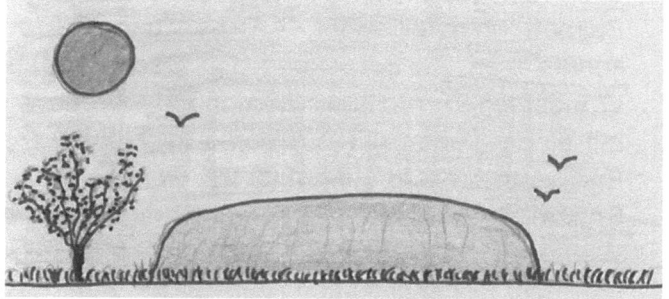

Neuseeland war anders. Der Flughafen ließ großes erahnen. Wir wurden mit dem Spruch in der Ankunftshalle begrüßt: "Welcome to a place where fantasy comes to life.". (Willkommen an einem Ort wo Fantasie wahr wird.) Unser Ankuftsort Auckland war auch eine Großstadt, aber mit Sydney nicht zu vergleichen. Irgendwie fand ich Auckland nicht so schön, es war auch eher regnerisch und herrschte ein anderes Flair. Die Tour führte uns von der Nord- auf die Südinsel und wieder zurück. Dort begann gerade der Winter, es war dementsprechend kühl und feucht. Aber es gab genau so traumhafte Strände, Berge und Wälder. Allerdings waren die Strände nicht immer mit Sand, die Berge waren zum Teil weiß bedeckt und die Wälder hatten mehr Farne. Es gab wunderschöne Seen, endlose Weiden mit Schafen und Plantagen mit Wein oder Kiwis. In einem Ort gab es Nadelbäume, Laubbäume und Palmen nebeneinander. An manchen Plätzen konnte man die Berge und den Ozean sehen. Wunderschön. Am Lake Manapouri wurden wir mit einem Plakat mit "Welcome to (Nearly) the End of the World" begrüßt. Da wurde mir die Entfernung zu Deutschland erst richtig bewusst. Wobei die vielen Stunden Zeitunterschied mich bei der Kommunikation mit den Lieben zu Hause auch oft erschreckte. Da musste ich 10 Stunden warten, bis ich meinem Opa bei seinem Frühstück zum Geburtstag gratulieren konnte, um dann gleich ins Bett zu gehen. Das war schon etwas komisch. Natürlich hofften wir in Neuseeland einen Kiwi sehen zu können. Das ist schließlich das Landestier und diesen Vogel ohne Flügel gibt es auch nur in Neuseeland. Man erklärte uns leider, dass der Kiwi nur noch sehr selten ist, da die eingeschleppten Katzen die Population extrem minimiert haben. Sehr schade. So mussten wir in ein Museum gehen und uns ausgestopfte ansehen. Ein paar Tage später, in Franz Joseph, gab es ein Zentrum für Kiwis. Dort wollten wir unbedingt rein und uns einen lebenden ansehen. Das ging auch, aber nur im Dunkeln und wenn wir ganz leise waren. In der Dunkelkammer sah ich erst mal Nichts. Das Rotlicht war nur sehr schwach, aber nach ein paar Minuten gewöhnten sich meine Augen an das Licht. 2 Kiwis sollten in dem Gehege sein. Es raschelte hier und dort, aber dauerte eine Weile, ehe man was erahnen konnte. Nach etwa 10 Minuten kam ein Kiwi vor und wir erhaschten einen Blick auf ihn. Für 24 $ sahen wir einen lebenden Kiwi, aber Fotos waren nicht erlaubt.

Das nächste Ziel war der Westen von Amerika. Von der Landschaft her sehr vielseitig und weitläufig. Natürlich gab es viele Großstädte mit Hochhäusern, Lärm und mehrspurigen Straßen, aber es gibt dort auch so viel Natur. Die Tour führte uns von Los Angeles nach San Francisco. Dazwischen lagen mehrere Nationalparks. Der Joshua NP war der erste, den wir besuchten. Dort gab es Kakteenbäume in trockener Sand- und Steinlandschaft. Alles in ocker, beige, grau, olivgrün. Dann ging es auf der Road 66 zum Grand Canyon. Eine beeindruckende Schöpfung der Natur. So weit man sah, wunderschöne Steinformationen, mitten im Canyon einen Fluss und hin und wieder ein kleiner Baum an den Wänden. Wir liefen auch ein Stück hinunter, aber da wir auch wieder hoch mussten und es warm war, wirklich nur ein Stück. Es ging sehr tief runter, auf sandigem Geröll. In der Nacht kühlte es in den

Nationalparks ganz schön ab. Dann kamen wir nach Las Vegas, eine Großstadt mitten in der Wüste. Wenn man da hin fährt, wirkt es wie eine Fata Morgana am Horizont. Death Valley war der nächste Stopp. Es war heiß, der Boden flimmerte durch die Sonne, die Landschaft war trocken. Wüste. Der tiefste Punkt Nordamerikas mit 86 Meter unter dem Meeresspiegel. Nur 3 Stunden mit dem Bus weiter waren wir am höchsten Punkt Nordamerikas, 4418 m, dem Mt. Whitney. Verrückt. In Bishop gab es eine heiße Thermalquelle, die wir in der Nacht suchten und im Dunkeln, im Nirgendwo badeten. Es war stockfinster. Die Quelle lang direkt neben Stromleitungen, die im Dunkeln blitzten und knisterten. Der Yosemite NP folgte am nächsten Tag. Dort standen sehr alte, hohe Bäume. In einen wurde ein Loch geschlagen damit die Autos durchfahren konnten. Am Aussichtspunkt Glacier View gab es eine atemberaubende Aussicht. Berge, Wasserfall, Bäume, Schnee... Da war San Francisco wieder Kontrast. Die nächsten Städte, die wir besuchten, waren von klein und niedlich bis groß und laut. Aber jede auf ihre Art schön. Zumindest einige Ecken. Tiere haben wir in Amerika nicht so viele gesehen.

In Neuseeland und Amerika hatte ich immer mal Bedenken wegen Erdbeben. Besonders in Neuseeland, als wir Christchurch besuchten. Dort hatte 2011 ein schweres Erdbeben gewütet und die Schäden waren immens und immer noch sichtbar. In Amerika warnten an den Stränden Schilder mit Tsunami -Wellen. Schon etwas komisch, aber das gehört dort dazu.

Kanada ist ein Land für sich und bietet so viel Natur und malerische Städte. Die Tierwelt ist sehr vielfältig und was soll ich sagen... Ein absolutes Reiseland für (fast) jeden.

In Schweden waren die Landschaft und die Temperaturen ähnlich wie bei uns. Stockholm befindet sich auf vielen kleinen und größeren Inseln, um die das Wasser in der Sonne magisch glitzerte. Die Kulisse, das Flair, die Menschen, wirklich schön. Dieser Kontrast von Großstadt und Natur hat mich in seinen Bann gezogen. Es kam mir nicht vor wie eine Großstadt. Die Häuser waren niedrig, bunt und sahen sehr einladend aus. Es gab keine Hochhäuser und durch die grünen Parks und das Wasser wirkte alles so märchenhaft und gemütlich. Alles war überschaubar und hatte diesen historischen Touch, ohne alt zu wirken. Die landestypischen Tiere sahen wir zwar nicht in der freien Wildbahn, sondern im Zoo. So ein Elch ist schon ein tolles Wesen, auch die Braunbären sind echt putzig. Sydney, Queenstown, Vancouver und Seattle hatten mir gefallen, aber in Stockholm habe ich mich ein bisschen verliebt.

Andere Länder - Andere Sitten

← LOOK LEFT

Das Reisen in andere Länder bringt meist viele neue Eindrücke, Erfahrungen und manchmal auch Überwindungen. Es gibt viele Länder, wo man wichtige Dinge beachten muss. Da herrschen andere Gesetze und Regeln als in Deutschland. Diese sollte man unbedingt beachten. Auch wenn sie nur zum guten Ton gehören. Für manches Fehlverhalten kann man auch schnell Strafe zahlen oder hinter Gitter kommen. Andere sind wiederum lebensnotwendig.
Ob es Linksverkehr ist, der einen töten kann, oder giftige Tiere im Schuh... Wenn man seine Reise heil überstehen will, muss man sich den Gegebenheiten anpassen. Bei langen Autofahrten durchs Nirgendwo immer genug Trinken, Sonnenschutz, Traubenzucker dabei zu haben ist eigentlich keine Erwähnung wert, aber denkt wirklich daran. In der Wüste ohne Trinken kann gefährlich werden. Die Zeitumstellung und der ortsgebundene Tagesablauf ist überall anders. Gibt es eine Siesta, wann tobt das Leben in der Stadt,

Öffnungszeiten der Geschäfte, Trinkgelder, nicht erwähnte Tax oder Serviceaufschlag... All das klingt unwichtig, kann euch aber zum Verhängnis werden. Auch das Verhalten auf dem stillen Örtchen ist unbedingt zu beachten. Ihr werdet lachen, aber in vielen Orten der Welt darf man das Toilettenpapier nicht in die Toilette werfen, sondern in einen Mülleimer neben dem Klo. Wer das nicht beachtet, kann schnell nasse Füße bekommen. Die Rohre sind zu eng oder der Wasserdruck ist zu schwach. Warum auch immer, aber es ist unbedingt einzuhalten!

Die Sprache zu können ist ein wichtiger Vorteil. Wer die Landessprache nicht kann, sollte wenigstens Englisch können. Sonst helfen Hände und Füße oder Bilderbuchwörterbücher.

Wenn ihr euch mit den Ureinwohnern des Landes beschäftigen könnt, dann macht das! In Neuseeland hatten wir die Möglichkeit, ein Gebetshaus der Maori zu besuchen. Ein echter Maori erklärte uns alles und zeigte den Männern einen typischen Maoritanz. Die Begrüßung der Maori ist das aneinander reiben der Nasen und das damit verbundene Austauschen des Atems. Nasenküsse quasi. Als Dank für die Zeit und Erklärungen sangen wir ihm ein typisches

Maorilied (mit der Melodie von "You are my Sunshine"), was wir schon Tage vorher im Bus übten:

One day a taniwha.

Went swimming in the moana.

He whispered in my taringa:

"Won´t you come with me,

There such a lot to see,

Underneath the deep blue sea."

I said "Oh, no, no, no!

You´d better go, go, go,

Although I know we could be friends.

My Mama´s waiting for me,

Underneath the kowhai tree.

Taniwha, haere ra!"

Eine tolle Sache und der Maori hatte sich sehr gefreut.

Informiert euch unbedingt, wie das mit Alkohol und Nikotin in eurem Zielland ist. Es gelten überall andere Altersbegrenzungen und es gibt Orte, wo Rauchen und Trinken komplett verboten sind.

Wenn ihr das Land wirklich kennen lernen und den Menschen näher kommen wollt, dann bemüht euch, das Land mit allen Sinnen zu erkunden. Das heißt:

- Seht euch genau um. Versucht Orte, Plätze und Ecken zu finden die nicht typisch touristisch sind. Das sind meist die Schönsten. Nehmt Farben, Naturschauspiele (Regenbogen, Wasserfälle...) bewusst wahr und erfreut euch daran.

- Hört genau hin. Stille kann sehr inspirierend sein. Außerdem gibt es viele Geräusche die man hören kann, z.B. Tiere, Wasserrauschen, Windböhen. All das kann sehr entspannen. Und wenn es auch mal eine nervige Klimaanlage oder Feueralarm gibt, besinnt euch auf die schönen Geräusche!

- Nehmt Gerüche bewusst wahr. Die frische Morgenluft im Wald, die blühenden Büsche, die verschiedenen Gewürze und Nahrungsmittel. Es gibt so viel Schönes zu erschnuppern.
- Fühlt den Ort. Der Sand unter den Füßen, das Farn, das durch die Finger gleitet, den kühlen oder trocknen Wind, das eiskalte Wasser in einem Bergsee, die Rinde eines alten Baumes, die Schale vom Obst... An Vielem gehen wir achtlos vorbei, traut euch und fühlt es!
- Kostet. Die landestypischen Gerichte sind unterschiedlich. Überall schmeckt es anders. Und wenn es nur ist, weil die Tomaten dort frisch sind, der Fisch regional ist oder ein anderes Gewürz verwendet wurde. Das kann ein echtes Geschmackserlebnis sein. Wenn ihr am Meer seid, schmeckt die Salzluft auf der Zunge.

Bitte nehmt euch Zeit! Zeit, die Dinge genau zu erkunden, zu entdecken. Es lohnt sich und lässt einen bewusster (er-)leben.

Alle 5 besuchten Länder sind gut zu bereisen, auch als Frau(en). Ich finde es immer wieder interessant, wie unterschiedlich die Menschen auf der Welt leben können und doch auf ihre Art glücklich sind. Das Kennenlernen neuer Kulturen oder Lebensweisen finde ich sehr wichtig. Es gibt nicht nur schwarz und weiß, sondern noch so viele andere Farben und Lebensweisen. Der Blick über den Tellerrand lohnt sich. Ich habe viel für mich gelernt und mitgenommen.

Technik unterwegs: Internet, Wifi, Handy, Smartphone, I-Pad...

Ich bin eine Freundin von alt Vertrautem und Einfachem. Die neumodische Technik der Smartphones, Tabletts und Ähnlichem finde ich für mich unnötig. Auch Hannah hatte noch das altmodische Tastenhandy. So reisten wir ohne einem internetfähigem Handy oder anderem Gerät. Das Mobiltelefon nahmen wir lediglich als Notfallhandy mit, zum telefonieren und vielleicht mal eine SMS als Lebenszeichen zu senden. Wir meldeten uns bei unseren Lieben ab und sagten auch, dass wir uns melden, wenn wir könnten, sie aber nicht ständig Panik haben sollten, wenn wir uns mal 3 Tage nicht melden könnten. Keine Nachrichten sind gute Nachrichten!

Mit dem Gedanken, dass es in allen größeren Städten, die wir besuchen würden, sicher überall mindestens ein Internet-Cafe oder zumindest ein internetfähiger Computer zu finden sei, machten wir uns gar keine Sorgen. Das war zumindest der Plan.

Schon am Anfang unserer Reise wurden wir von Vielen belächelt. "Was, ihr habt kein Smartphone?" Nein, hatten wir nicht. Und das ist auch KEIN WELTUNTERGANG, wenn man mal ein paar Tage KEINEN INTERNETZUGANG hat.

Beim ersten Reiseziel war es absolut unnötig, da wir sowieso oft gar keinen Strom, oder Internetempfang hatten, im australischen Outback. Zwar freuten wir uns schon ein wenig, als wir nach 2 Wochen Tour in Alice Springs einen Computer mit Internetzugang im Hostel hatten, aber nur, um den Lieben von unseren Erlebnissen zu berichten. Facebook und Co interessierten mich gar nicht so. Wir berichteten über die Anreise, die erste Nacht und die Tour, es war eine lange Mail, aber meine Lieben sollten über alles informiert werden. Dann war es auch wieder gut. Die erste Gruppe war nicht so technisch erweitert, oder Facebooksüchtig sondern sehr bodenständig. Das war toll und so führten wir viele Gespräche, in der Realität und niemand hing stundenlang tippend an seinem Handy. Es war eine sehr angenehme Gruppe.

In Neuseeland hatten wir, unweit von unserem Hostel, einen Internetladen entdeckt. Dort waren wir in den 6 Tagen in Auckland hin und wieder, um den Kontakt zu den Lieben zu pflegen, aber es war ganz entspannt und auch nicht übertrieben. Es bestand kein Druck.

Das Skypen war leider nicht so einfach. Ich wollte einfach mal mit meiner Mutti reden und sie sehen, aber das blöde Skype ging nicht so wie ich das gern wollte. Ich gebe zu, dass ich kein Internetexperte bin und die kleinen Fenster, die immer so plötzlich aufleuchten, die irritieren und nerven mich total. Wenn ich dann auch noch an einem fremden Computer sitze, der alles in Englisch wissen will, ich unter Zeitdruck stehe, dann dreh ich durch. Wenn die Technik mich ärgert, dann kann mein sonst ruhiges Gemüt schon mal aufdrehen. Auch der Mann vom Internetladen war nicht sehr hilfreich. Erst nach langem Hin und Her, vielem Probieren, vielen gelassenen Nerven, klappte es. Ich hatte Kontakt mit meiner Mutti.

Die neue Gruppe in Neuseeland war, was das Technische anging, schon etwas weiter. Es waren auch mehr jüngere Teilnehmer, die mehr Geld zur Verfügung hatten. Sie waren öfters bei Facebook und Co, um fast Alles mit ihren Lieben zu teilen. Jedes Foto wurde gepostet, jedes Erlebnis gleich mit den Freunden ausgewertet. Es war noch erträglich, da sich zwischendurch immer noch mal die Zeit für Gespräche fand und es auch noch andere Leute gab, die nicht so internetabhängig waren.

Hannah und ich hatten auch diese 3 Wochen keine Probleme, ohne Internet.

In vielen Hostels oder anderen Unterkünften wo wir waren, gab es freies Wifi, aber keinen PC, wo man darauf zugreifen konnte. Es sei denn, man hatte ein internetfähiges Gerät dabei.

Wenn wir dann doch mal in einer Unterkunft einen PC zur Verfügung hatten, dann kostete das meist viel Geld. Geld, was uns oft zu teuer war. Daher verzichteten wir häufig, den PC in Hostels länger zu nutzen.

In Amerika, dem Land der unbegrenzten Möglichkeiten, wurde es ohne internetfähiges Gerät schon etwas schwieriger, aber es war NICHT UNMÖGLICH, ins Internet zu kommen.

In Los Angeles hatten wir im Hotel freien Zugang zu 4 Computern in der Lobby. Das war schon schön, die waren leider oft besetzt. Aber wir konnten trotzdem häufig einfach mal den Lieben berichten, was alles geschah. Und da wir ja nicht viel Schlaf in diesem Hotel fanden, war es eine willkommene Ablenkung. Hätten wir gewusst, wie schwierig es noch mit dem Internet werden sollte, hätten wir wahrscheinlich schon da mehr voraus geplant. Und die 2 freien Wochen gefüllt.

Während der Tour hatten wir freies WIFI IM BUS. Das war der Wahnsinn. Es war ein kleiner Bus, mit beengten Sitzmöglichkeiten, aber es gab Wifi. Obwohl wir eine kleine Gruppe, auch mit Leuten über 40, waren, jeder hatte ein internetfähiges Gerät und nutzte das sehr oft. Nur wir 2 nicht. Und ich fand es NICHT SCHLIMM. In den Unterkünften, die wir anfuhren, gab es kein Internet, aber es waren nur 8 Tage Tour und meine Güte, das war doch machbar. Unsere Mitreisenden redeten uns immer wieder ein, dass wir ohne internetfähiges Gerät gar nicht reisen könnten. Sie verstanden auch nicht, wie wir die 2 Wochen planen wollten, ohne Internet. Wir gingen davon aus, dass wir schon irgendwo einen Computer mit Internet finden würden und ließen uns nicht stressen. Die Gruppe surfte oft im Internet, während der meist langen Busfahrten. Manche schrieben bei Facebook, oder sortierten Fotos, andere spielten und ein paar sahen nach Wettervorhersagen oder ähnlichem.

Ich genoss den Blick auf die wechselnde, wunderschöne Landschaft und nutzte die Zeit, zum Nachdenken, Schlafen, Lesen oder Musik hören. Das war toll und ein ganz stressfreies Reisen. Einfach mal frei von allen Zwängen und der modernen Technik. Zurück zum Ursprung quasi. Diese ständige Erreichbarkeit setzt mich manchmal so unter Druck, da find ich es toll, wenn ich einfach mal nicht erreichbar bin oder mich um irgendwelche Dinge von Anderen kümmern muss. Ich helfe gerne und bin auch gern mit meinen Lieben in Kontakt, aber einfach mal auf MICH besinnen, das find ich hin und wieder sehr wichtig. Für mich.

Als wir in San Francisco ankamen und die Tour zu Ende war, mussten wir überlegen, wie es nun weiter gehen sollte. Wir hatten 4 bzw. 3 Nächte vor uns, aber danach war alles noch offen. Zum planen nahmen wir uns den altbewerten Reiseführer zur Hand. Wir blätterten und suchten Orte, die wir sehen wollten. Es gab Einiges zu sehen, aber die Zeit, das Geld und die Fortbewegungsmittel waren rar.

In unserem Hostel gab es zum Glück einen Computer mit Internet, den wir kostenlos nutzen konnten. Das war auch das einzig Gute dort. Der PC war oft in Benutzung durch andere Hostelianer, die sich wahrscheinlich auch schnell ein anderes Hostel suchen wollten. Aber wir konnten hin und wieder die Suche starten. Allerdings versuchten wir es zuerst an der Greyhound-Busstation. Aber die Frau an der Auskunft war alles Andere als gesprächig. Sie verwies uns auf das Internet und gab uns nicht wirklich Hilfestellung bei der Planung. Es half alles nichts. Wir mussten uns selber kümmern und über das Internet Busverbindungen und Hotels buchen. Ich mach das nicht so gerne, da ich gern einen Ansprechpartner habe, der mir versichert, dass alles so klappt und geht wie ich das denke. Das Buchen im Internet war nicht so einfach, da es alles auf Englisch war und besonders bei den Buchungsverträgen war nicht alles so klar beschrieben. Zwar wurde unser Englisch immer besser, aber es war noch nicht so perfekt, dass wir damit Verträge verstanden. Was sollte es? Wir buchten die 4 Busfahrten und gleich ein Hotel für Eureka und Portland. Da wir ja nicht wussten, wann wir wieder die Möglichkeit hatten, frei ins Internet zu kommen.

Zum Glück ging auch alles gut. Mit viel Naivität und noch mehr Glück.

Im Greyhound-Bus nach Eureka hatten wir sogar Steckdosen. So konnte ich mein Mobiltelefon laden. Das war nicht schlecht. In Eureka gab es zwar im Hotel einen Computer, aber der war außer Betrieb. Wie gut, dass wir das Hotel für Portland schon gebucht hatten.

In Portland gab es freies Wifi im Hotel, ABER keinen Computer. Auch nicht in der Umgebung. So suchten wir ein Internetcafe in Portland. Es war schwieriger als gedacht. Aber wieder nicht unmöglich. In einem Computergeschäft fragten wir nach. Da verwies man uns auf ein kleines Cafe, nur ein paar Straßen weiter. Dort gab es zwei Computer die man kostenfrei nutzen konnte, wenn man was trank. Dort buchten wir das Hotel in Vancouver und für Seattle. Juhu, nun hatten wir alles fest und waren erst mal nicht mehr auf Internet angewiesen. Ein gutes, erleichterndes Gefühl.

Ich denke es wird jedes Jahr schwieriger einen Computer irgendwo zu finden, da immer mehr Leute ein internetfähiges Gerät dabei haben. Sehr schade.

Das Buchen dauerte zwar mehrere Stunden, aber es hat sich gelohnt und wir haben allen gezeigt, dass wir es geschafft haben.

Zeitvertreib

Eigentlich war Hannah und mir nur selten langweilig. Wir waren öfter schlaflos, bewunderten die Landschaften oder genossen einfach mal das Nichts-Tun, aber langweilig!? Nein, das kann ich nicht sagen.

Wenn wir wirklich mal Zeit hatten, versuchten wir uns zu erholen oder etwas sinnvolles zu tun. In den Unterkünften sahen wir manchmal Fernsehen, schrieben Tagebuch oder redeten über die vergangene Zeit und das was nach der Reise kommt. Und nicht zu vergessen, wir brauchten viel Zeit für unsere Klamotten. Das Packen, Sortieren, Waschen, Trocknen (besonders mit dem Fön, der nach über einer Stunde aufgab). Viele Stunden haben wir damit zugebracht.
Auf den langen Flügen gab es meist einen Bildschirm im Vordersitz. So konnte jeder seinen eigenen Film sehen oder Spiele spielen. Wenn es keinen eigenen Bildschirm gab, dann gab es einen für mehrere, wo Filme oder die Flugdaten gezeigt wurden. Das war auch ok. Mehrfach versuchte ich zu schlafen, aber ich kann das im Flugzeug einfach nicht. Zwar kippte ich hin und wieder ab, aber immer wenn mein Kopf abkippte wurde ich wieder wach. Und

wenn 1:30 Uhr in der Nacht "Beef, Chicken or Fish" serviert wird, da fällt das Schlafen oder keinen Brechreiz zu bekommen echt schwer.

Bei den langen Autofahrten gab es verschiedene Möglichkeiten, sich zu beschäftigen. Am liebsten sah ich aus dem Fenster und sah mir die vorbei ziehende Landschaft an. Der Wechsel von Stadt zu Strand, zu Wald, über Berge und Wüste... So wunderschön. *träum*

Aber bei den Touren hatten wir eine Art Animationsprogramm dabei. In Australien hatten wir, für uns 15 Leute, einen ganz geräumigen Bus. Jeder hatte Platz und wir konnten uns gut miteinander unterhalten. Es kam vor, wenn jemand aus der Truppe während der Fahrt eingeschlafen war, dass die anderen die wach waren, lustige Fotos mit Grimassen machten. Es war Spaß und ja nur für unseren Gebrauch gedacht. An einem Morgen sollte unser Fahrer Rob uns um 7 Uhr vom Hostel abholen. In der Nacht wurden die Uhren in Australien um eine Stunde zurück gestellt. So hätten wir nach der alten Zeit erst 8 Uhr am Bus sein müssen, wurden aber extra instruiert PÜNKTLICH UM 7 UHR AM BUS ZU SEIN. Ja, wir hatten unsere Wecker gestellt und waren ALLE um 6:50 Uhr gepackt vorm Hostel. Nur wer fehlte? Unser Fahrer Rob. Der kam um 8 Uhr angefahren. Wir waren zwar alle im Urlaub, aber es hat uns schon geärgert. Unsere Reiseleiterin Paula hat sich da was für ihn einfallen lassen. Sie wusste, dass er das Lied "My heart will go on" absolut nicht leiden konnte. Die ganze Gruppe kannte den Song und wir hatten ja eine Stunde Zeit zu üben. So stiegen wir ein und als Rob den Motor anließ, begann die ganze Gruppe im Chor diesen Song zu singen. Es klang nicht schön, aber es zeigte Wirkung. Rob hatte den gewünschten Gesichtsausdruck und fand das nicht so toll. Wir ließen ihn nicht lange leiden und so waren wir auch schnell wieder Freunde. Während den Fahrten in Australien las ich 3 Tage durch. Ich hatte ein spannendes Buch und konnte es einfach nicht aus den Händen legen. Da verging die Zeit ganz schnell.

In Neuseeland war Vroni unsere Fahrerin und Mädchen für ALLES. Sie fuhr uns, organisierte die Zimmer, kochte, hörte zu, erklärte und hatte immer eine Idee. Sie war eine super Reiseleiterin, ein Multitalent und wir hatten viel Spaß in der Gruppe. Für die langen Autofahrten hatte sie allerhand in Reserve. Es begann damit, dass jeder einen Song als "Guten-

Morgen-Song" vorschlagen sollte. Dieser sollte jeden Früh im Bus laufen und uns für den Tag wach machen. Nach vielen Vorschlägen einigten wir uns auf "Eye of the Tiger". Leider kam es nur 3 Mal, weil der Mitreisende mit diesem Lied auf seinem Gerät uns schon schnell wieder verließ. Aber wir hatten viel Spaß mit dem weiteren Showprogramm. Ein Punkt bei der Tour war, dass jeder Karaoke singen sollte. Dazu nahm man sein Musikgerät (MP3-Player, Handy, I-Phone...) suchte sich einen Song aus, stöpselte sich die Ohren zu und begann dieses Lied laut mit zu singen. So konnten die Mitreisenden den "Gesang" hören und der Singende nur das Lied. (Das war manchmal sehr von Vorteil.) Da wir 15 Leute waren, hatten wir mehrere Tage zwischendurch ein Highlight. Wie die Meisten habe ich auch nicht gleich hier geschrien, aber ich wollte es hinter mir haben. Daher brachte ich es in den ersten Tagen hinter mich und war sehr froh. Ich bekam extra Sympathie, weil ich ein englisches Lied gesungen habe. Ein paar Leute konnten gar nicht so schlecht singen, aber am lustigsten waren die Asiaten. Liederraten war da gar nicht so einfach, aber darum ging es auch nicht vordergründig. Es war eine ganz schöne Idee, für lange Autofahrten und um sich mehr als

Gruppe zu fühlen genau das Richtige. Vroni hatte auch noch andere Ideen, uns zu beschäftigen. Zum Beispiel sollten wir an einem Tag immer "Rudern", wenn sie mit dem Bus ein anderes Auto überholte. So als "Hilfe" und Spaß. Wenn 14 Leute im Bus sitzen und so tun als würden sie paddeln, um an einem anderen Auto vorbei zu kommen ist das lustig, aber der Spaßfaktor ließ schnell nach. Dann sollten wir, immer wenn wir an einer Wiese mit Schafen vorbei fuhren, unsere jeweilige Nationalhymne singen. In Neuseeland gibt es viiiiiele Schafe. Aller paar Meter begannen wir bunt durcheinander zu singen. Bei über 6 verschiedenen Nationen verstand man nichts. Lustig war es ja, aber auch hier ließ die Motivation schnell nach. Sonst lief die meiste Zeit Musik, wo hin und wieder jemand mit sang. Ich genoss meistens einfach nur die Aussicht. In den Pausen vertrieben wir uns die eher kurze Zeit mit Futtersuche, Toilettengängen, ein paar Dehnübungen oder kurz die Füße zu vertreten. In einem Ort wurden Gummischuhe hergestellt. Die haben auch ihre eigene Sportart: Gummischuh werfen. Natürlich haben wir das auch ausprobiert, in der Pause, die wir dort hatten. Es gab eigens für die Schuhwerfwettkämpfe eine Art Sportplatz. Wir nahmen einen Flip Flop und jeder durfte ein Mal werfen. Die Flugbahn verlief oft anders als gedacht, da musste man ganz schön aufpassen. Besonders, als dann jeder an dem Punkt stand, wo sein Wurf landete. Eine sportliche und spaßige Abwechslung zum stundenlangen platt Sitzen im Bus.

In den USA hörten wir Musik im Bus. Besonders oft lief "Thrift Shop". Das wurde so was wie unsere Tour-Hymne und inspirierte die Gruppe in San Francisco einen echten Thrift Shop (Zweite -Hand-Laden) zu besuchen. Dort haben wir uns Sachen für den letzten gemeinsamen Ausflug gekauft, um zum Abschiedsabend total bekloppt auszusehen. Es sollte schon was Verrücktes und Buntes sein. Die Auswahl war ziemlich groß und so fand jeder etwas, der Eine mehr verrückt, der Andere weniger. Manche hatten echt viele Farben und Materialen gemischt, aber wir passten gut zusammen. Geschmückt mit vielen Schmuckstücken und Bling Bling zogen wir los. Den Abend verbrachten wir auf einem Ausflugsboot, das uns unter die Golden Gate Bridge fuhr. Ein schöner Ausklang beim Sonnenuntergang.

Ich hatte für die Länder Reiseführer oder ein paar Infomappen, die ich zwischendurch studierte. Es war ganz gut, denn in den Ländern konnte ich an den Orten immer noch mehr darüber erfahren und mich auf die nächsten vorbereiten. Das Lesen der Reiseführer war ein guter Zeitvertreib.

Aber am liebsten beobachte ich die Natur, die Menschen und entdecke Neues. Das geht am besten bei Ruhe und Zeit. Davon hatte ich in den 87 Tagen nicht viel, aber wenn, habe ich diese Momente sehr genossen.

Geld

Das Geld spielte auch auf dieser Reise eine nicht unerhebliche Rolle.

Ich hatte mir für jedes Land einen bestimmten Betrag getauscht und diesen durch die Anzahl der Tage in dem Land gerechnet. Das ergab dann mein Tagesbudget. Meist lag der so um die 18 Euro pro Tag. Das war nicht viel, aber ich habe es geschafft. Es hieß zwar, dass ich oft auf Dinge verzichten musste, aber ich wollte ja weit kommen und lieber das Geld am letzten Tag ausgeben, als schon nach der Hälfte der Zeit nichts mehr zu haben. Daher lebten wir sparsam. Auch Hannah hatte nicht mehr zur Verfügung und so hatten wir die gleichen Voraussetzungen. Wir kauften sparsam ein und teilten uns die Lebensmittel. Aber es gab dadurch auch oft billiges Essen.

Bei Unternehmungen hielten wir uns auch eher zurück. Wenn, dann unternahmen wir nur etwas, wenn es im Budget war, oder am Ende der Reise in diesem Land, sodass keine weiteren Kosten absehbar waren. Wenn wir die ersten Wochen gut im Geldsparen waren, gönnten wir uns am Ende der Reise etwas. In Australien war es eine Stadtrundfahrt und ein

Zoobesuch, in Neuseeland die "Ludge-Fahrt", in Kanada ein Essen in der Old Spagetti Factory, in den USA die "Duckfahrt" und in Schweden kauften wir in einem Supermarkt Lebensmittel aus Deutschland, gingen in ein "Museum" und kauften viele Mitbringsel. Da wir in Schweden den letzten Stopp unserer Reise erreicht hatten, konnten wir da nun auch ordentlich einkaufen.

Es war oft gar nicht so einfach, in 12 Wochen mit 6 verschiedenen Währungen und Umrechnungskursen. Wie gut, dass ich mir immer genau aufgeschrieben habe, wie viel Geld ich getauscht hatte, wie der Umrechnungskurs war und wie viel ich am Tag zur Verfügung hatte. Das half mir sehr, mich mit den Preisen zu recht zu finden. Allerdings gibt es auch Länder, da steht nicht der ganze Preis auf dem Produkt. Nein, es kommt dann noch die Mehrwertsteuer oder eine Tax drauf. In Restaurants kommen auch manchmal noch Service oder Trinkgelder auf die Rechnung dazu. Das machte das Überlegen (Was kann ich mir leisten?) schwer. Irgendwie ging es, wenn auch manchmal mit wieder zurücklegen, zumindest bei Kleidungsstücken.

Ich fand es für mich sehr wichtig, mir vor der Reise ein Limit zu setzen, zumal ich auch wirklich keine weiteren Möglichkeiten im Geldbeutel hatte. Nicht wie bei Anderen, die wir auf den Touren getroffen haben. Viele hatten doch tatsächlich "unbegrenztes Budget". Die Eltern unterstützten viel, was an sich ja auch nicht schlimm ist. Aber für mich kam das nicht in Frage. Ich wollte von MEINEM Geld reisen. So hatte ich ein reines Gewissen und konnte es in vollen Zügen genießen. Mein Limit hat auch wirklich gut gepasst, bis auf ein Mal, da habe ich mit der VISA-Karte bezahlt. Aber die "Ducktour" wollte ich unbedingt machen und es war der letzte Tag in den USA. Es war auch nur ein etwa 30 Euro-Betrag. Sonst habe ich alles mit dem Bargeld bezahlt, was ich dabei hatte. Ach so, naja, das VISUM am Anfang hatte ich auch per VISA bezahlt, aber nur weil ich nicht so viele Euro dabei hatte.

Also, wenn ihr reist überlegt euch genau, wie viel Geld ihr zur Verfügung habt, was ihr ausgeben wollt und in welcher Form ihr Geld mit nehmt. Wir hatten nur Bargeld und die VISA-Karte als Notfallkarte dabei. Viele haben vorher gesagt, nehmt Reisechecks, Bargeld, Karte und Geld zum Wechseln mit. Wir haben NUR Bargeld mitgenommen. Und es ging auch. Wenn man das Geld in verschiedenen Taschen und Fächern "versteckt", immer wieder neu auffüllt und ihr auf eure Sachen aufpasst, dann geht das ganz gut. Ich hatte für jede Währung eine Geldbörse. So konnte ich gut Einteilen und Unterscheiden. Immer in jedem Land ein neues Portemonnaie. Oder eben Umpacken. Reisechecks finde ich nicht für alle Länder sinnvoll. Oft gibt es in der Wüste, der Pampa oder selbst in kleineren Städten keine Banken die diese Checks eintauschen. Da hat man ein unheimliches Gesuche vor sich und das kostet Zeit und Nerven. Da muss man sich vorher gut informieren, ob es am Zielort Möglichkeiten zum Wechseln gibt. Die Leute im Reisebüro oder bei Reiseveranstaltern können euch sicher Auskünfte darüber geben. Die EC-Karten von manchen Banken funktionieren auch nicht überall und wenn, dann kostet das oft viel Gebühren. VISA geht eigentlich in allen Ländern, ABER nur in den großen Städten und vor der Bestellung immer fragen!

Ich fand es gut, schon die Währungen für die Länder in Deutschland zu tauschen, da es mir vor Ort oft Rennerei ersparte. Besonders in Ländern wo es hin und wieder keinen Strom gibt oder man in abgelegenen Orten unterwegs ist. Ich nehme immer Bargeld schon in der

Landeswährung mit. Reiseschecks und Euro- oder Dollarscheine finde ich oft unpraktisch, da sie nur in bestimmten Banken getauscht werden und das bei vielen Reisen oft umständlich ist. Aber das kann jeder für sich und sein Zielland selber entscheiden.

Alles in Allem, Geld ist Geld und ja, auch wenn Reisen viel Geld kostet, es lohnt sich. Und wer aufpasst, der kommt sicher durch die Welt.

Glück

Worauf kommt es im Leben wirklich an? Die Leute auf der Titanic waren gesund, aber hatten kein Glück. Also, ohne Glück geht es im Leben nicht.

Auch wir hatten auf dieser Reise viel Glück. Angefangen von der Busfahrt ohne Probleme, das Visum für Australien, die Flüge, die Unterkünfte und auch das uns nichts abhanden gekommen ist, was wir noch brauchten. Es ist schon oft ganz verrückt zugegangen, aber es gab immer eine Lösung, es ging immer gut aus und weiter.

Die erste brenzlige Situation war das fehlende VISUM. Aber zum Glück hatten wir eine nette Flugbegleiterin, einen Schalter mit Internet und eine VISA Karte. Alles gut gegangen.

Dann hatten wir die vielen Flüge, die wir ohne große Zwischenfälle gut überstanden haben. Auch wenn wir ein paar Mal etwas Verspätung hatten und beim letzten Flug in der Reihe 13 saßen. Ich hatte schon viele Flüge. Da waren auch ein paar dabei, wo ich dachte, es geht zu Ende, aber es ging (zum Glück) immer gut aus.

Es war auch Glück, dass wir von den Flughäfen oder von anderswo immer heil bei unseren Unterkünften angekommen sind. Zwar waren einige Unterkünfte echte Absteigen, was da das Glück war, dass wir uns nichts Ansteckendes eingefangen haben. Das hätte schnell gehen können. Also auch die Gesundheit war unser GROßES GLÜCK. Trotz der kleineren Blessuren, des Muskelkaters, der Stiche, der geprellten Rippen, einer kleinen Erkältung und blauen Flecken, wir sind heil wieder in der Heimat angekommen. Ohne Krankenhausaufenthalt, Arztbesuch oder Apothekennotdienst.

Glück hatten wir auch in Neuseeland, als wir diese Kajakpaddeltour hinter uns gebracht haben. Es war so ein Glücksgefühl, als wir das rettende Ufer sahen.

In den USA hatten wir mehrfach Glück. In Los Angeles war unser größtes Glück, dass der häufige Feueralarm nur Fehlalarm war. Hätte es wirklich gebrannt, ich weiß nicht, wie es für uns ausgegangen wäre. Außerdem hat uns ein netter Busfahrer für nur 2 Dollar mitgenommen, weil wir kein Kleingeld mehr hatten. In Eureka hatten wir Glück, als uns ein netter älterer Mann im Red Woods Nationalpark aufgesammelt hatte. Ohne ihn hätten wir die berühmtesten Bäume nicht gesehen und uns hoffnungslos verlaufen bzw. in der Zeit völlig verschätzt. Nach diesem Ausflug war es unser Glück, dass der nette Mann im Pizzaladen Mitleid mit uns hatte und wir 2 Pizzas zum Preis für eine bekamen, nach Ladenschluss. Und die nette Hotelangestellte nicht zu vergessen, die uns freundlich alle Informationen besorgte.

In Portland hat uns eine freundliche Frau Freikarten für den Rummel geschenkt, so haben wir glücklicher Weise 7 Dollar gespart. Und das wir ohne zu bezahlen in den Chinesischen-Garten gegangen sind, war auch irgendwie

Glück. Denn es stand da keiner und hat kontrolliert. Selber schuld. So konnten wir einfach etwas verwirrt guckend durch den Durchgang laufen und waren drin. So schön war der Garten nicht, dass man hätte noch mal 9 Dollar dafür ausgeben müssen. Und wenn da keiner steht!? Sonst mach ich das nicht, aber es muss doch auch mal ein Vorteil sein, ein Tourist zu sein.

Das sind nur ein paar Situationen, die uns immer wieder gezeigt haben, GLÜCK ist mit das Wichtigste, was man haben muss. Natürlich kann man sein Glück ein wenig beeinflussen, aber oft ist es doch einfach nur Schicksal. Wo man lang läuft, wen man trifft... Man weiß es vorher nicht, was das Beste ist. Das ist auch der Reiz an der Sache und es ist doch ganz gut, sonst hätte man sich oft im Leben um entschieden. So hätte man wahrscheinlich viel verpasst.

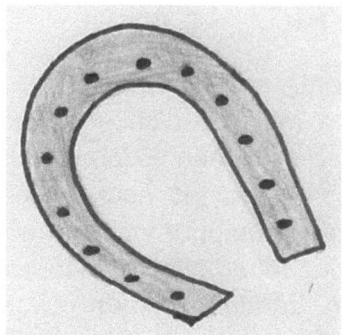

Also vertraut auf euer Glück und lebt das Leben wie es kommt und ihr es für richtig haltet. Solange ihr keinem schadet und glücklich seid, ist alles gut.

Was mir alles gefehlt hat...

Es ist sehr interessant, auf was man alles verzichten kann, wenn man es nicht hat. Ich hatte schon von anderen Reisen Erfahrungen im Verzicht. Aber diesmal war es noch etwas anders, da das Geld noch knapper war und wir verschiedene Reiseziele hatten. So konnten wir in den verschiedenen Ländern immer etwas anderes genießen, mussten aber auch auf andere Dinge verzichten.

Das was mir am meisten fehlte, war meine Familie. Ich bin nicht gut im Abschied nehmen, aber wenn man auf Reisen geht, dann muss man das tun. Ich komme immer gerne wieder zurück. In dem Zusammenhang fehlte mir auch meine Katze. Sie kann mich so nerven, wenn sie nachts vor meiner Tür mautzt und kratzt. Aber ich brauche auch was zum kuscheln und sie ist so süß. Daher freute ich mich sehr, wenn ich irgendwo eine Katze sah.

Mein Bett hat mir auch sehr oft gefehlt, besonders wenn wir in Mehrbettzimmern mit Etagenbetten untergebracht waren. Da quietschte und klapperte es von allen Seiten und auch die Geräusche von den anderen Mitschläfern ließen mich oft nur wenig zur Ruhe kommen. Ich bin definitiv keine, die gut mit anderen in einem Raum schlafen kann. An Hannah hatte ich mich gewöhnt, auch an ihre Schlafgeräusche. Aber sobald noch andere dazu kamen, war es schwierig. Ich gewöhne mich nur langsam an andere, aber am meisten fehlte mir meine Privatsphäre. Es ist irre, wie komisch ich mich oft gefühlt habe, wenn ich einfachste und selbstverständliche Dinge tat. Schon alleine immer auf die Pack- und Suchgeräusche zu achten, dass war gar nicht so einfach. Aber auch umziehen war irgendwie komisch. Allerdings hing das auch von den Unterbringungsorten ab. Dazu fehlte mir so oft der Schlaf. Durch das frühe Aufstehen, nach oft unruhigen Nächten, das späte ins Bett gehen und diverse andere schlafunfreundliche Geschehnisse, kam mein Schlafbedürfnis oft nicht zur vollen Befriedigung.

Wenn ich auf Reisen bin, versuche ich auch immer zu sparen. So verzichte ich meist auf besonderes Essen und nehme das Geld lieber für Ausflüge oder Mitbringsel. Zwischendurch gönne ich mir auch mal was, aber das hängt von der Länge der Reise ab und von dem Geldbeutel. Schokolade ist da oft nicht eingeplant. Was für mich hart ist, denn ich esse gerne Schokolade. Aber in den 3 Monaten war das selten. Ich hatte mir was mitgenommen, nur eine kleine Menge. Die habe ich mir sehr bewusst eingeteilt. Zum Teil hatte ich noch nach 9 Wochen etwas davon übrig. Aber so konnte ich auch zum Ende hin noch eine Kleinigkeit naschen. Da freute ich mich dann sehr und genoss es noch mehr.

Was ich auch sehr vermisst habe, waren saubere, gut riechende Kleidungsstücke. Und mir fehlte hin und wieder die Auswahlmöglichkeit. Ich hatte nicht so viele Sachen dabei, daher war die Auswahl nicht so groß. Die Frage: "Was ziehe ich heute an?", stellte ich mir in diesen Wochen nur selten. Bzw. wurde es dann eher zu der Frage: "Was davon kann ich noch anziehen?". Der Duft von Frische fehlte mir sehr. Das nehme ich oft im Alltag gar nicht mehr wahr. Aber wenn ich es nicht habe, dann fehlt es mir umso mehr.

Sonst fehlten ganz banale Dinge. Ordentliches Toilettenpapier zum Beispiel. In ganz vielen Ländern gibt es nur dünnes, unbrauchbares, nicht vergleichbares Papier fürs Nötigste. Wir in Deutschland haben da wirklich Glück. Die mehrlagigen Blätter sind zwar nicht nur bei uns vorhanden, aber die Qualität lässt in einigen

Donnerbalken-Örtchen der Welt zu wünschen übrig. Da half alles nichts und manchmal wurde dann eben ein ordentliches Papiertaschentuch zweckentfremdet. In dem Zusammenhang war es auch sehr gewöhnungsbedürftig, dass man in vielen Ländern der Welt das Toilettenpapier nicht in die Toilette werfen darf. Das ist wichtig zu wissen, aber auf den meisten betroffenen Örtchen wird durch Schilder darauf hingewiesen.

Es gab auch Dinge, die mir gar nicht fehlten. Zum Beispiel vermisste ich den Alltag(s-Stress) gar nicht. Dass ich in Deutschland den gewohnten, unveränderten Alltag hatte und kurz vor der Reise irgendwie bei mir die Luft raus war, das war auch ein Grund, warum ich mich für die Reise entschieden hatte. Ich genoss es zwar Pläne für die Tage und Wochen zu haben, aber ich fand es super toll, dass immer wieder verschiedene Aktivitäten auf mich warteten. Das Abenteuer wartete auf mich. Allerdings war es nach 12 Wochen Abenteuer auch gut. Überlegt euch vorher, wie viel Abenteuer ihr vertragt. Es kann auch anstrengend werden.

Günther

Hannah und ich waren in den 87 Tagen nicht nur zu zweit. Wir hatten einen Reisebegleiter, der die ganze Zeit bei uns war - Günther. Ein kleines grünes Stoffkrokodil von unserem Reisebüro. Die haben sogenannte "Weltreisetiere" die Reisende mit in ihre Urlaube nehmen, Fotos vor Sehenswürdigkeiten mit ihm machen und dann im Reisebüro abgeben, dann bekommt man einen Reisegutschein für die nächste Reise.
Überall war Günther dabei. Selbst in der kleinsten Tasche fand er Platz und begleitete uns an jeden Ort. Wir fotografieren sehr gern und so hatten wir noch ein Motiv mehr. An vielen Reisestationen machten wir ein "Selfi". Manchmal eins von uns Dreien und manchmal von uns und eins von Günther. Er konnte nicht so gut alleine sitzen, deshalb mussten wir uns

immer was neues einfallen lassen, wie er auf dem Bild gut aussah. Mal saß er, mal lag er, mal lugte er an der Seite ins Bild und mal flog er an der Sehenswürdigkeit vorbei. Immer überlegten wir uns andere Varianten und hatten viel Spaß dabei. Es wurden außergewöhnliche Bilder, mit einem ordentlich in Szene gesetztem Krokodil.

In der Australiengruppe war eine Frau, die auch ein Weltreisetier aus ihrem Reisebüro dabei hatte. Leo der Löwe und Günther das Krokodil verstanden sich auf anhieb und wurden auch zusammen vorm Ayers Rock abgelichtet. Ein oder zwei andere Tiere begegneten uns noch, sonst wurden wir hin und wieder dafür belächelt, aber das war uns egal.

In Death Valley hatten wir Günther gerade 86 Meter unter dem Meeresspiegel in Szene gesetzt, da kam eine junge Frau auf uns zu und bewunderte Günther. Sie fand ihn sehr süß und fragte, ob sie ein Foto von ihm machen dürfte. Wir freuten uns und gönnten unserem treuen Reisebegleiter die Aufmerksamkeit.

Günther hat uns 87 Tage begleitet, Spaß gebracht, war immer für uns da, hat auf uns aufgepasst und ist uns sehr ans Herz gewachsen. So eine Reise schweißt zusammen.

Schweren Herzens brachten wir ihn ein paar Tage nach der Rückreise wieder ins Reisebüro. Dabei hatten wir mehrere wunderschöne und ausgefallene Fotos von Günther, in den unterschiedlichsten Posen und an den schönsten Orten. Die Frau im Reisebüro freute sich sehr und versprach uns, ein paar der Fotos an die Wand zu hängen. Weil wir Günther wieder zurück gebracht hatten und Fotos dabei waren bekamen wir einen Reisegutschein. Es war nur ein kleiner Betrag und er war nur 6 Monate gültig. Das nützte uns nichts, aber es war den Spaß wert und Günther hatte was erlebt.

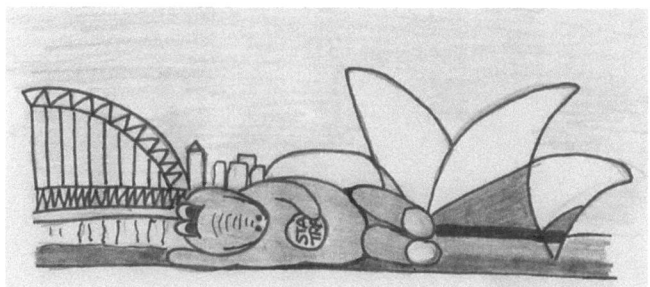

Mitbringsel

Wenn ich verreise möchte ich immer was für mich und meine Lieben mitbringen. Eine schöne Erinnerung und was Kleines als Dankeschön oder einfach als Aufmerksamkeit.

Nun ist bei einer so langen Reise und einer Menge Gepäck nicht viel Platz im Reiserucksack und den Taschen. Das Geld ist bei mir auch meist knapp bemessen. Da heißt es "gut überlegen und improvisieren".

Es ist super wenn man was sammelt. Da hat man immer eine Idee und kann was dazu suchen. Meine Mutti sammelt Fingerhüte aus aller Welt, eine Freundin sammelt Kronkorken und meine Oma sammelt Magnete. Diese

Mitbringsel gibt es fast an jedem Ort der Welt, passen in die kleinste Lücke zwischen die Klamotten, sind leicht und kosten nicht viel. Super. So sind die Drei schon mal versorgt. Eine Postkarte bekommt so gut wie Jeder von mir. Ich finde, man schreibt sowieso schon zu wenig Briefe und Postkarten, da ist das eine schöne Sache und gleich ein Souvenier. Weitere Mitbringsel werden spontan besorgt und je nach Möglichkeiten gekauft. Für mich kaufe ich meist Dinge, die ich sehe und mich später an den Ort oder ein Erlebnis erinnern sollen.

In Australien war ich zurückhaltend, da ich nicht wusste, wie viel Geld ich noch brauche, der Platz im Rucksack noch sehr wenig war und ich nicht sicher war, dass alles heil bleibt. Ich kaufte: *3 Fingerhüte, 14 Postkarten, 2 kleine aufziehbare Kängurus die hüpfen, einen Ring, 5 Magnete, ein Feuerzeug, eine Kette mit Ohrringen und eine Eisform.*

In Neuseeland sah ich ein Bild, das wollte ich so gerne haben. Leider gab es das nicht mehr, als ich mich am Ende der 4 Wochen zum Kauf entschieden hatte. Das fand ich sehr traurig, aber bestimmt war es besser so, denn während der weiteren Reise hätte es sicher gelitten.

Umso mehr freute ich mich, als ich zu Hause nach diesem Bild suchte und es tatsächlich im Internet fand. Nun hängt es, von Australien (war ein australischer Shop in Neuseeland) eingeflogen, an meiner Wand. Aber vor Ort kaufte ich mir und meinen Lieben auch ein paar Kleinigkeiten:

ca. 20 Postkarten, 2 Fingerhüte, 2 Kiwis, 2 Flaschenöffner, 3 Magnete, einen Tiki als Kettenanhänger, einen Button, Handschuhe, Ohrringe, ein langes Shirt, 2 T-Shirts, einen Aschebecher, verschiedene Anhänger und 2 Kartenspiele mit Bildern von Neuseeland.

In Amerika gab es unzählige Kleinigkeiten als Souvenier. Da schlug ich besonders in dem größten Souveniershop der Welt zu: *16 Postkarten, 4 Fingerhüte, ein T-Shirt, ein Kleid, 8 Magnete, 4 Kartenspiele mit Bildern von Las Vegas, ein Schlüsselband und 6 Würfel aus Las Vegas.*

In Vancouver hätte ich so viel kaufen können. Da gab es wirklich schöne Sachen, aber die waren nicht im Budget und der Platz war begrenzt. Trotzdem musste ich etwas mitnehmen:

2 Magnete, 2 T-Shirts, Aufkleber und einen Fingerhut

Der Vorteil in Stockholm war, dass es unser letzter Stopp war und wir den genauen Geldbetrag hatten, der noch übrig war. Ich war sehr froh dass Stockholm als letztes kam, dort gab es sooooo wunderschöne Souveniers. Besonders die Dinge mit Elchen gefallen mir total gut. Ich fand so viele schöne Sachen, an denen ich nicht vorbei gehen konnte:

9 Postkarten, einen Fingerhut, 2 Tassen, 3 Magnete, 4 Beutel, 2 Untersetzer und 2 Schneidebretter.

Was ich auch gerne mitnehme sind Naturalien. Ich liebe Steine, Sand und Muscheln. Das kostet nichts, ist was von vor Ort und da gibt es an jedem Ort verschiedene Farben, Formen und Beschaffenheiten. Leider sind diese Materialien auch etwas schwer, erst recht nach 3 Monaten und vielen Orten. Selbst wenn es nur eine Hand voll Sand ist, am Ende hatte ich etwa 20 "Hände" voll. Aber umso mehr freue ich mich, wenn ich zu Hause an dem Regal mit den Sandgläsern vorbei gehe und mich an die Orte erinnere. ABER bitte informiert euch genau ob es erlaubt ist, was die Besonderheiten für die Ein- und Ausreise sind und was auf euch zu kommt falls ihr "erwischt" werdet. In manchen Ländern gibt es sehr strenge Vorschriften für Naturalien, Lebensmittel und andere Zollbestimmungen. Zum Teil hohe Geld- oder sogar Haftstrafen. Das ist auch alles wichtig und die Bestimmungen gelten für Natur- und Tierschutz. In Neuseeland wurden am Flughafen sogar die Schuhsohlen am Flughafen auf Sand-, Erd- und Pflanzenrückstände kontrolliert. Wenn man bedenkt, dass die eingeschleppte Katze für das Aussterben des Kiwis verantwortlich sein kann, das bestimmte eingeführte Pflanzen die landestypischen verdrängen und somit das ökologische Gleichgewicht durcheinander kommt, dann ist das alles mehr als berechtigt.

Ansonsten noch ein Tipp. Wenn ihr am Ende noch Geld übrig habt und die letzten Pfennige ausgeben wollt, wartet nicht bis zum letzten Moment! Am Flughafen im Dutty-Free gibt es viele schöne Sachen, aber diese kosten viel mehr als in den ansässigen Souveniershops. Der angezeigte Preis am Regal ist NICHT der Endpreis! Da kommen noch Steuern drauf. Und so denkt man, wenn man nur ein paar Kleinigkeiten hat, es ist nicht viel, aber dann kommt der Hammer an der Kasse. Und schneller ist mehr Geld weg als gedacht. Daher, versucht das Geld vorher aus zu geben. Zurück in Euro zu tauschen bringt bei kleineren Beträgen nichts mehr, da wieder Gebühren berechnet werden. Überlegt genau und habt Spaß beim Shoppen!!!

Zusammenfassung / Statistik

Abschießend kann ich sagen, die Reise zu unternehmen war die beste Entscheidung die ich treffen konnte. Ich habe viele Erfahrungen gemacht, viele neue Orte kennengelernt, interessante Menschen getroffen, wieder etwas mehr zu mir gefunden und mein Fernweh erst mal wieder stillen können.

Es war für mich eine relativ lange Reise und es gab viele Erlebnisse, die ich hier nicht erwähnt habe. Aber ich hoffe, ihr habt einen Einblick und Lust aufs Reisen bekommen. Ich habe eine kleine Statistik am Ende der Reise erstellt. So kann ich die wichtigsten Fakten zusammenfassen und weiß, was ich beim nächsten Mal brauche. Aber besonders interessiert mich, was es wirklich für eine Reise war. Die ganzen Zahlen, Fakten und Daten geben mir noch mal eine andere Sicht auf die Dinge und ich finde es wahnsinnig interessant.

Die wichtigsten Fakten:

Tage: 87
Länder: 6 (Deutschland, Australien, Neuseeland, USA, Kanada, Schweden)
Kontinente: 4
Zeitumstellungen (mit Zwischenstopps): 10x

Zeitabstände der Umstellung: 30 Minuten bis 19 Stunden
gestartet und gelandet: 9x
Flugkilometer und Stunden: 40.389 km in 39,75 Std.
Fahrtkilometer (nur im Bus =Berlin/DD, Touren und Greyhound): 12.960 km
verschiedene Betten und packen: 45x
geführte Touren: 3
Fehlfeueralarm: 10x
Regen am Tag (kurz oder lang): 20x
verschiedene Fortbewegungsmittel (von Surfbrett bis Flugzeug): 11
Mails an alle: 18
nette Menschen getroffen: ganzzzz viele
neue Freunde bei Facebook: 18
meine Fotos: 6610 (Hannah noch mal so viele oder mehr!?)
Rucksack: 19,4 kg auf 22,8 kg

Und, was denkt ihr? Was hat mich das Abenteuer gekostet?
Ich sag nur so viel, es war mehr als ich vorher hätte ausgeben wollen, ABER es war jeden Cent wert und die Erfahrungen waren UNBEZAHLBAR.
Erfahrungen und Spaß: UNZÄHLIGE und GANZ VIEL

Es ist echt der Hammer, wenn man sich manche Zahlen betrachtet. Aber im Nachhinein war es jeden Stress, jede lange Fahrt, jeden langen Flug, jedes Packen, jede Schlepperei, jedes früh Aufstehen und jeden Cent wert. Diese Reise war für mich an Erfahrungen unbezahlbar und ich bereue nichts.

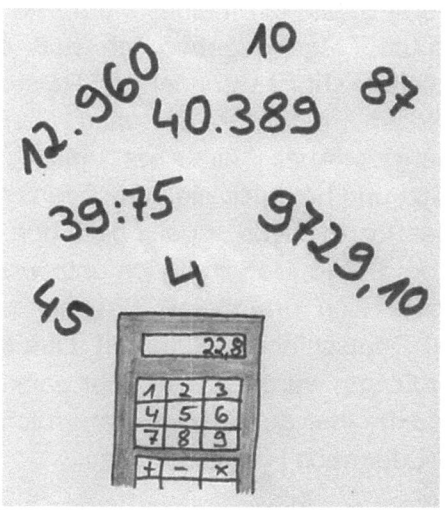

DANKE

Natürlich möchte ich noch ein paar Worte der Dankbarkeit verlieren. Ich bin meinen Lieben sooooo dankbar. Ohne meine Familie, meine Freunde und die Unterstützung von vielen Leuten, hätte ich diese Reise nicht antreten können.

Zu allererst danke ich meiner Mum. Sie hat mir Wurzeln und Flügel gegeben. Ich weiß, dass es für sie nicht leicht ist wenn ich auf Reisen gehe. Die Sorgen einer Mutti sind halt was Besonderes. Aber sie hat mich immer unterstützt und hat mich nie zurückgehalten. Sie ist immer für mich da, egal ob in der Heimat oder in der Ferne. Und wenn ich unterwegs war, da hat sie sich um meine Sachen und das Leben in Deutschland gekümmert. Das sind nur ein paar Dinge, warum ich ihr sehr dankbar bin. Sie ist auch einer der Gründe warum ich immer gerne wieder nach Hause komme.

Mein Vati hat mir als Kind das Reisen in andere Länder ermöglicht und mir dadurch das Reisefieber mitgegeben. Danke für das Öffnen der Welt und das Schauen über den Tellerrand. Ich weiß, wenn ich Probleme habe, er würde überall hin kommen, um mir zu helfen.

Meine Oma und mein Opa sind echt toll. Sie machen sich auch immer Sorgen, aber sie helfen wo sie können und sind immer da, wenn ich sie brauche. Als meine Cousine und ich klein waren, waren wir oft bei ihnen. Sie haben uns viele Freiheiten gelassen, ob im Urlaub oder im Garten. Sie haben uns schon von klein an Selbständigkeit und Selbstverantwortung zugetraut, wenn im Nachhinein auch etwas zu sorglos, wie sie sagen. Aber dafür bin ich ihnen so dankbar. Wir haben es sehr genossen und konnten uns immer ausdauernd und ideenreich beschäftigen. Ich denke so gerne an diese Zeiten zurück und genieße die Gegenwart mit ihnen. Hoffentlich bleiben uns noch viele schöne Momente zusammen.

Ich danke auch meinem Bruder, der einfach mein Bruder und mir sehr wichtig ist.

Ich bin Hannah unglaublich dankbar. Sie hat mich schon 5 Reisen ausgehalten und meine Macken ertragen. Wir hatten so wunderschöne und abenteuerliche, aufregende, fröhliche und traurige oder auch total lustige Momente. Es ist immer wieder erschreckend, wie die Zeit vergeht und wie lange die Reisen schon wieder her sind. Aber wir haben alles auf Fotos festgehalten und sehen uns diese ganz oft an.

Es macht so Spaß in Erinnerungen zu schwelgen und die Erlebnisse mit jemandem zu teilen. Ich danke ihr sooooo sehr und hoffe wir schaffen es noch mal zusammen ein Abenteuer zu erleben.

Meiner besten Freundin T. danke ich dafür, dass sie sich um mich sorgt, mich aber versteht und gehen lässt. Sie findet es nicht toll, weiß aber dass ich immer wieder zurück komme. Dafür sind mir meine Lieben zu wichtig und meine Heimatstadt zu schön. Es ist schön, Menschen wie sie zu kennen.

Den ganzen Leuten aus Reisebüro, Flugzeug, Bussen usw. danke ich für das sichere Ankommen. Und den helfenden Leuten unterwegs bin ich sehr dankbar. Manchmal wären wir ohne sie sehr aufgeschmissen gewesen. Diese Menschen haben unsere Reise sehr bereichert.

Allen Leuten die für mich da waren oder sind, die mich mein Leben leben lassen, mir helfen, meine Träume zu verwirklichen und mich bestärken... Ihr seid mein Hintergrund, meine Wurzeln und der Grund, warum ich diese Sicherheit habe, mich in die Welt hinaus zu trauen. Es ist ein tolles Gefühl, ein

Grundvertrauen, was mir so viel Kraft gibt und mich leben lässt. DANKE dafür. Ihr seid toll.

Und wer noch nicht genug hat, hier meine Mails der Weltreise an Alle...

(Original, außer die Namen. Die Fehler waren so, da die Internetzeit überall begrenzt war und die Tastaturen immer anders waren. Ich hoffe man kann es trotzdem lesen.)

14.4.13

Hallo an alle meine Lieben, meine Freunde, meine ehemaligen Kolleginnen und alle Neugierigen... :)
Endlich habe ich die Moeglichkeit, euch meie Reiseerlebnisse zu berichten.
Wo fange ich an?
Die Anreise verlief ohne grosse Aufregung, nachdem wir unser Visum noch schnell am Flughafenschalter bezahlt haben. Es war eine lange Anreise und wir haben nicht viel Schlaf bekommen, aber nach 6 1/2 und 13 Stunden im Flugzeug war uns alles egal.
Der Aufenthalt in Doha war sehr interessant und ich war froh, dass ich wieder da weg konnte, denn die vermumten Frauen und die betenden maenner waren mir unheimlich. Aber es war sehr interessant dieses Treiben zu beobachten. ;)

Die Ankunft in Melbourne verlief etwas caotisch. Wir kamen um 0.00 Uhr am Hostel an und wussten nicht, ob es ein Hostel oder eine Disco ist. Es stand ein Tuersetehr davor und es war sehr laute Musik zu hoeren. Nach ersten Zweifeln sind wir rein gegangen und es war tatsaechlich unser Hostel. Wir hatten ein 10-Bett - Zimmer gebucht und wir wussten nicht, was uns erwartet.

Wir schlichen uns mit all unserem Gepaeck in den Gang und oeffneten langsam die Tuer. da waren 8 Betten (4 Doppelstockbetten) zu erkennen und es waren Schlafegraeusche zu hoeren. Was nun. Es war halb eins in der Nacht und wir wollten keinen stoeren. Also guckten wir mit einer taschenlampe, welche Betten frei waren und sahen nur eines. Also was nun? Wir entschieden uns in ein Bett zu quetschen und einafch versuchen zu schlafen. Es sollte beim Versuch bleiben. Ich kam nicht eine Minute zum schlafen und mit tat alles weh. Aber wir mussten ja eh um 10 wieder auschecken und bekamen dann ein anderes Zimmer. So lies ich es ueber mich ergehen.

Um 9.30 Uhr checkten wir aus und wieder ein, aber wir mussten noch warten ehe wir das neue zimmer konnten und so gingen wir eine runde in Melbourne spazieren. Ungeduscht und in den

warmen sachen. Aber es war nicht ganz so warm. Ungefaehr 20 Grad.
dann durften wir unser neues Zimmer beziehen und es sah aus waere eine Bombe eingeschlagen. Ueberall lag Dreck und Sachen von den Vormietern. Es standen Kruecken in der Ecke, ein vollbepackter Rucksack stand da und auch sonst war es sehr ecklig.
Wieder hiess es keine Dusche und warten. Nach 3 Stunden warten kam ein Putztrupp und in konnte danach endlich duschen. In unserem 8 - Bett - Zimmer waren nur Frauen und alle gehoerten zu unserer Truppe der Tour, so konnten wir uns schon mal kennenlernen, aber Schlafen war auch nicht.
Die Tour startete und die Leute waren echt nett. Der Guyde war ein echter Outbacker und P. unsere Reiseleiterin war auch voll lustig drauf. In unserer Truppe waren 5 deutsche, 1 aus Oesterreich, ein Schweizer, eine aus Kanada und Englaender. Insgesamt waren wir 15 Leute. In Adelaide verliessen uns 3 Maedels und eine aus Daenemark und ein Englaender kam dafuer dazu,
Die Tour war echt toll und wir haben viel gesehen. Die 12 Apostel, London Bridge und viele Nationalparks.

Die Naechte verbrachten wir in Hostels, im Gefaengnis, unter Tage und in SWAGS (nur ein Schlafsack ueber einem Schlafsack). Also nicht viel mit Privatsphaehre und so sind wir um so froher, dass wir bald, in Sydney, ein Zweibettzimmer haben.

Ich kann es nicht glauben, aber es sind schon 2 Wochen vergangen und die erste Tour ist schon vorbei. Im Moment bin ich in Alice Springs und wohne in einem 4-Bettzimmer. Mit Hannah und einer anderen Deutschen. Wir sind eben erst angekommen und ihr koent euch gar nicht vorstellen, wie toll es war zu duschen und mal nicht im Freien ein- und auszupacken. Nach 3 Naechten im Freien.

Gleich gehen wir noch mit der Truppe abschiedsessen und dann sind wir 2 Wochen frei. Ohne Plan und nur mit Ausschlafen und gemuetlich runter kommen. Denn die letzten Wochen waren echt anstrengend und mit viel frueh aufstehen (von 4.30 - 6 Uhr) und mit wandern. Wir waren in den Grampions, am Ayers Rock, am Kata Tjuta und im Kings Canyon. Wo ich doch voll der Wandertyp bin. Aber ich habe 3 mal ueber 3 Stunden, Bergauf und Bergab, ueberlebt. Und dass ueber 30 grad hitze. Aber wenigstens haben wir Sommer. :) Ich hab der Sonne auch bescheid gasagt, aber

wenn sie nicht zu euch kommen will, dann kann ich es auch nicht aendern. :)
Sonst geht es uns gut und wir geniesen die Zeit, auch wenn wir noch nicht viel Zeit hatten, da immer etwas anlag. Nur kehrt erst mal ruhe ein, bevor am 27. die naechste Tour startet.
So, dass war erst mal ein keliener Zusammenschnitt der letzten 2 Wochen und ich geb mir Muehe, euch weiter zu schreiben, wenn ich Zeit hab und ihr das wollt.
@Mutti: Das Buch war ja echt krass. Ich hab es verschlungen.
...
Ich denk an euch alle und hoffe euch gehts gut.
Bis bald!!! :)

19.4.13

Hallo ihr Lieben.
Erst mal, Sorry, dass beim Schreiben so viele Fehler drin sind, aber die Tastatur ist hier anders und jede Minute im Netz kostet Geld. Aber ich hoffe ihr koennt es trotzdem lesen, auch wenn erst 2 auf meine letzte e-Mail geantwortet haben!? ;)
Die letzte nachricht kam aus Alice Springs, wo wir die Truppe verabschiedet haben und mal 2 Naechte in einem Hostel verbringen durften.

Allerdings war nicht viel mit Ausschlafen, da die Maedels, die mit im Zimmer waren um 5 Uhr aufstehen mussten. Aber naja. Auch das Aussenbad war nicht so der Kracher, aber fuer 2 tage ging es. Dort war es auch noch richtig warm, so um die 33 Grad.

Nun sind wir in Sydney und es ist ein krasser Gegensatz zum Outback. Hier tobt das Leben und es sind wahnsinnig viele Menschen hier unterwegs. Es ist laut und hat was von New York. Also laenger mochte ich hier nicht bleiben. da ist mir Dresden echt lieber. ;)

Aber der Kracher ist unser Zimmer. Nachdem wir in Melbourne in einem BASE Hostel waren, dachten wir schon das Schlimmste. Denn in Melbourne war es DAS Partyhostel schlechthin. Nun, wir hatten also so unsere Vermutungen, was uns erwarten koennte. Aber dann kamen wir in ein sauberes 2-BETT ZIMMER mit EIGENEM BAD... >FREU,FREU< Das war der Knaller und das haetten wir nie erwartet. Wir haben uns so gefreut. Endlich, nach 2 Wochen mal wieder Privatsphaere und ein eigenes Bad. So toll.

Zwar ist es draussen laut, aber es kommt niemand ins Zimmer und keiner schlaeft in einem Doppelstockbett ueber einem und es quietscht nichts. Man, so toll. Wie ich es liebe,

nachts mir nicht den kopf am Bett zu stossen und ohne Schlussel ins bad zu gehen. das ist jetzt Urlaub. :)
Wir haben uns auch schon in der Stadt umgesehen und eine Stadtrundfahrt gemacht. Es ist viel zu sehen, aber auch echt TEUER hier. Du kannst fuer eine Flasche Limo zwischen 99 Cent und 6 Doller bezahlen. da muss man echt aufpassen. Aber ich kann euch beruhigen, ich esse und Trinke genug. ;)
Heute waren wir im Wildlife Zoo und haben viele Tiere gesehen. Aber viele sahen wir auch in freier Wildbahn schon. War trotzdem schoen.
Allerdings ist es hier jetzt Herbst und die Australier freuten sich heute ueber den ersten Schnee der Saison. JUHU... In Sydney sind es so zwischen 17 und 20 Grad, aber e sist sehr windig, daher wirkt es kaelter. Aber so hab ich meine warmen Sachen nicht umsonst mitgenommen.
So geht nun schon fast die 3. Woche zuende und es ist Wahnsinn wie die Zeit rennt. Am Sonntag geht es nach Auckland. Mal sehen was uns da erwartet.
Ich wuensche euch ein schoenes Wochenende und hoffe es geht allen gut. Wuerde mich freuen, wenn ich ein paar Antwortmails bekomme, damit ich weiss, was bei euch so los

ist. Auch wenn ich nicht oft ins Internet komme, ich werde es lesen. ;P
Ich meld mich wieder. Bis dahin...
Liebste Gruesse aus der Ferne!!!
Eure Nic :)

23.4.13

Ganz liebe Gruesse aus Auckland in Neuseeland... ;)
Wir sind nun schon den 2. tag hier und euch 10 Stunden vorraus. Das heisst, bei uns ist es jetzt schon nach 18 Uhr. Aber da es nur 2 Stunden zu Australien waren, geht es.
Ich danke euch, fuer die zahlreichen Antworten. Ich habe mich sehr gefreut und mit grossem Interesse gelesn, was so bei euch los ist. Erst mal zu euch:
@Fam. W.: Das Buch heisst Mr. Perfekt und ist ein Roman mit allem, was dazu gehoert = Liebe, Krimi, Tratsch und Sannung. Viel Spass beim Lesen, ist aber echer ein Frauenbuch. ;)
...
@Hamburg: Ihr wollt auch nach Australien und Neusseeland, Toll!!! Alos ich kann es nur empfehelen.
...
So, nun zum Reisebericht:

Also, den letzten tag in Sydney haben wir noch mal die Oper und die Habourbridge angesehen und dann ging es zum Airport.

Es ist ein grosser Flughafen und es gibt viele Terminals, aber der fahrer hat uns beim richtigen abgesetzt. Allerdings beim Eingang A und wir mussten zum J. Das hiess, wir mussten unser Gepaeck (ich habe 8 und 20 Kg) zum anderen Gate buckeln. Da angekommen, voellig ko, wollte die gute Frau am Schalter dann auch noch alle Papiere fuer die Ein und Ausreise sehen, die fuer die Ausreise hatte ich aber im Rucksack, weil ich die ja EIGENTLICH gar nicht brauchte. Also, alles auspacken und wieder einpacken, in voller Montor und schon komplett durchgeschwitzt. Die wollte uns wahrscheinlich nur aergern.

Der Flug dauerte 2 1/2 Stunden und war ein Billigflug, ohne ESSEN und TRINKEN. Nur fuer Geld, aber das war uns dann doch zu teuer. Also gab es erst mal nix, aber wir hatten ja Mittag gesessen. Also keine Angst!!! :P

Der Flug war ansich ganz ok, nur beim Landeanflug wurde es kurz ungemuetlich, als wir in den Wolken waren, denn es Geitterte. :(Das war nicht so toll, denn es schauckelte ganz schoen, aber alles ging gut und die Landung war butterweich. :) Nun haben wir noch 5 mal

Starten und Landen vor uns. Wie die Zeit vergeht.
In Auckland ist es etwa 20 grad "warm" und es regnet immer mal. Nicht ganz so toll wie in Mittelaustralien, aber ok. Es wird halt winter.
Unser Zimmer ist auch nicht ganz so schoen, wie dass in Sydney, aber es ist auch ein 2 Bett Zimmer mit eigenem Batt, dass ist schon mal wichtig. Allerdings hatt es eine Klimaanlage, die man NICHT ausschalten kann, da sie mit anderen Zimmern zusammen haengt und somit die ganze Zeit, auch Nachts, laeuft. das ist anstrengend und so komme ich nicht zu so viel Schlaf. Aber was solls. Man kann nicht alles haben!
Wir sind jetzt noch bis Samstag hier und dann beginnt die Tour. Wieder enue Leute und ein neuer Guide. Mal sehen wie das wird. Aber erst mal geniessen wir die freie Zeit und wir haben uns mit vielen gesunden und so halb gesunden Sachen eingedeckt, denn wir haben ein Wasserkocher und einen Kuehlschrank im Zimmer. FREU... Somit koennen wir gut Essen im Supermarkt kaufen und ueber die Tage essen. das ist schoen und sparsam.
So, wegen dem Englisch... Also die Touren sind alle mit Englisch sprechenden Guids und somit muessen wir es verstehen und reden. Allerdings

sind wir ja zu zweit und reden natuerlich deutsch zusammen. Aber wir werden im Englisch immer besser, denn je mehr man es spricht und hoert, desto besser wird es. Es ist schon wichtig, dass man es versteht. Aber es gibt auch Haende und Fuesse4. ;)
Zu den Wilden Tieren...
In Australiene gab es viele Kaengurus die auf der Strasse (im Outback) rumhuepften und auch viele andere Tiere = Kuehe, Voegel, Pferde, Dingos, Emus und sowas. Die haben wir alle gesehen und auch Koalas gab es , aber nicht auf der Strasse, sondern in den Baemen. ;)
Das war erst mal das Wichtigste und Neuste...
Ich freue mich auf Nachrichten aus der Heimat und gruesse euch alle ganz lieb aus der Ferne. Und ja, ich komme gern wieder nach Dresden zurueck. :)
Bis bald eure Nic :)

25.4.13

Hallo noch mal aus Auckland...
Ich hatte noch ein paar Dinge vergessen und da dachte ich einfach, ich nerv euch einfach noch mal. ;)
Ich wollte noch schreiben, dass ich in Sydny, nach der Sicherheitskontrolle rausgepickt wurde

und zur Sprengstoffkontrolle musste. ICH, musste zur SPRENGSTOFFKONTROLLE> Da gab es weiss Gott mehr verdaechtig aussehenede Menschen. Aber naja. Es war dann so, dass mir mit einem Stab an den Armen und den Beinen entlang gefahren wurde und mein Rucksack wurde auch damit abgefahren. dann kam das Ende von dem Ding in ein Geraet und da kam, alles gut. Aber der typ erklaerte mir : "Das ist eine Untersuchung, wo man guckt, das sie nicht bum machen!" Und ich hab nicjt bum gemacht, wie toll. :)

Ausserdem noch ein Tip an euch. Wenn euch eine von eurem Handyanbieter anruft und ihr wollt nicht mit ihr reden, dann sagt einfach, ihr seid grad in Australien und ihr seid sie sofort wieder los. War so toll, die riefen bei mir an und legten gleich wieder auf und keine 5 minuten spaeter reigfen die bei Hannah an und die sagte das Gleiche. So lustig, wir haben uns weggeschmissen vor lachen und das werde ich jetzt oefter machen. Also... :)

Ansonsten ist Auckland eher langweillig, da wir nichts so richtig machen koennen. Wetter schlecht und auch so ist hier nicht viel los. Auch mit Schlafen ist, danke der super KLIMAANALAGE, nichts. So haben wir einfach mal in der Nacht um 1 angefangen Sport zu

machen und uns liefen dabe4i die Traenen vor lachen und Muedigkeit. Aber es hat trotzdem bis 4 uhr gedauert, ehe ich gechlafen habe. Und dann klopfte es und 7.30 uhr. Keine ahnung wer es war, haben nicht aufgemacht. Es ist echt schlimm, wenn man nicht schlafen kann. Wahrscheinlich sind wir zu erholt. Keine ahnung. hoffe die naechste nacht wird besser. Sonst ahben wir wieder unseren Spass und tuen was, fuer die Bikifigur. ;)
Noch was Schlaes zu schluss:
Das Glueck findet man nicht am Ende eines Regenbogens, sondern nur, wenn man erkennt, wie schoen er ist!
Liebe Gruesse...
Bis bald!!!Die Nic :)
9.5.13

Hallo ihr lieben...
Sorry, dass ich mich erst jetzt melde, aber wir haben sooooooooo viel erlebt und waren immer unterwegs. Ausserdem ist es echt teuer. :(Aber nun nehme ich mir mal wieder die Zeit und berichte euch von der Neuseelandtour. :)
Also die Tour ging am 27.4. los und da trafen wir die neue Gruppe. Alles Englaender oder aus Norwegen und eine andere Deutsche. :) Diesmal haben wir nur eine Reisebegleitung,

unsere V.. Sie macht alles, Fahren, Packen, Erzaehlen, Einkaufen... Sie ist echt taff unb ist lustig drauf... Macht Spass mit ihr...
Sonst ist die Gruppe nicht so lustig wie die letzte, aber es sind auch nett Leute dabei und wir haben unseren Spass. Mitlerweille sind es auch nun noch Maenner, ausser wir drei deutschen Frauen. :) Denn die Tour war fuer einige eher zuende und dafuer kamen noch 3 Maenner dazu. Wir sind jetzt 12 Leute. Ist ganz lustig. Und dadurch muessen wir viel Englisch reden. :)
Dann ging es am 28.4. zum Kayak paddeln. War lustig und ganz entspannt. Vom Kayak ging es aufs Boot, zum Mittagessen. Das war schoen. Damit fuhren wir zu dem kleinen Ort, wo wir 2 Naechte an einem total schoenen Ort verbrachten. Es ist Kev`s Place und er hat sich einen Ort gebaut, nach seiner Vorstellung und mit wenigen Mitteln. Echt ein krasser Typ. Da war ein Schiff auf einem Berg und das hat er als Schlafkabiene umgebaut. Also schliefen wir 2 Naechte unter Deck, aber an Land. Irre. Dann gab es da noch Wohnanhaenger, in denen man schlafen konnte und kleine Huetten. Er selber wohnt mit seinen 2 Soehnen in selber gebauten Huetten auf Autos gebaut. Der eine Sohn hat mit 11 Jahren seinen eigenen Trecker. Das ist

doch mal Cool. Und die Aussischt, der Hammer. Du konntest von dem Platz die Berge und das Meer sehen. Echt so toll. Allerdings gab es keine richtige Tuer im Boot, es war feucht kalt und das nach dem Kayak paddeln, dass war nicht so toll. Und natuerlich gab es Plumpsklos, da es mitten im Nirgendwo ist und Strom sucht man da auch vergebens. Daher haben sich einige kraeftig erkaeltet.

Am naechsten tag ging es zum Surfen. Erst hatten wir frueh am Morgen eine Jogastunde, zum locker werden und aufwaermen. Dann ging es zur Trockenuebung. Das ging ja noch, aber dann ging es ins Meer. Es war nicht so warm und wir bekamen Neo-Anzuege. Die halfen. Und dann ging es mit dem Bord raus in die Wellen. Echt krass. Ich hab 2 mal gestanden. Super. Nur 3 Sekunden, aber egal, ich habs geschafft. FREU... Allerdings hab ich das Brett ein mal so bloed in die rechte Seite bekommen, dass ich mir die Rippen geprellt habe. Das hab ich erst abends gemerkt, aber dafuer dann richtig. Dachte erst, es sei Muskelkater, aber es ging nicht weg. :((Das Wasser hatte so eine Kraft, dass ich nichts machen konnte. Echt irre, es sieht immer so leicht aus. Aber Leute, es ist echt harte Arbeit.

Tag 4 ging es dann zum Gysier gucken. Und wir sahen uns Moorpools an. Echt ecklige Suppe und das stinkt... Keine Ahnung, wie sich Leute da rein setzten koennen. Ich wueder es nicht tun.
Tag 5 hatten wir dann unsere Mount Tongariro Besteigung. Ich sag euch, das war der Hammer. 8,9 km Berghoch, steil. Nach 3 Stunden waren wir oben. Voellig fertig... Kurze Pause und dann wirder Den gleichen Weg in 2,5 Stunden runter, steil. Ich werde kein Wanderer, was ich hier schon gewandert bin, unglaublich. Die Aussicht ist echt super, wenn man oben ist, aber der Weg, nein...
Nach dieser anstrengenden Tour brauchten wir einen heissen Pool, so schoen. Vorallem, wenn einem vom Surfen noch alles weh tut. Aber den tag haben wir auch ueberstanden.
Tag 6 war eine lange Autofahrt. Da haben wir so Spiele im Bus gespielt. Unter anderem Karaoke singen. Da musste einer seine Musik in die Ohren machen und dann dazu singen. Die anderen Hoerten nur dich und nicht die Musik. Der Vorteil, du hoertest dich auch nicht singen. :) Ich sang "Ain`t no mountain high" und da gab es extra Punkte, weil ich ja Englisch gesungen habe. Aber ich glaub, die waren froh, als ich fertig war. War lustig. Als wir dann in Wellington

angekommen waren sind wir in das Museum gegangen und da gab es ein kleines Haus, in dem ein Erdbeben simuliert wird. Echt unheimlich, wenn ploetzlich die Erde wackelt. Die in Neuseeland haben im Jahr ueber 2000 Erdbeben, eher kleine, aber immer wieder. Ich hab noch keins mitbekommen, will ich aber auch glaub ich gar nicht.
Am Tag 7 ging es mit der faehre 4 Stunden von der Nord auf die Suedinsel. War eine ruhige Fahrt und unterwegs sahen wir Delfine. :)
Uebernachtet haben wir da auf Old McDonalds Farm. Eine kleine Huette fuer uns 2, aber auch mit offenem Klo und Dusche draussen. Das ist nicht so toll, denn es ist hier mitlerweile echt so kalt, dass ich 3 jacken an hab. Aber ich bin ja kein massstab, ich bin ja eh ne Frostbeule.
Tag 8 ging es mit einem Boot in dem Abel tasman National Park. Echt schoen und da wurde es auch ma wieder waermer. Nicht nur durch das Wandern. Wir sind so etwa 6 Stunden da rum gelaufen. Es gab Strand und Wald und schoene Aussichten.
Tag 9 ging es wieder an die Kueste und da sahen wir Seeloewen, aber nur ein paar. Nicht viele. dachte es gibt da mehr, aber den war es sicher auch zu kalt. Uebernachtet haben wir im Regenwald. Ein echt suesses haeuschen mitten

im Busch. Aber Strom und warmes Bett und Wasser. Das war toll. Nur kam da dann endgueltig bei mir die Erkaeltung durch und seit dem kommt und ngeht sie. Was natuerlich nicht so schlimm ist, aber mit immernoch geprellten Rippen ist Husten echt boese. Ich kann es nicht empfehlen.

Tag 9 war viel Auto fahren und Stop an den PanCake Rocks. das sind Felsen, die wie aufeinander gestapelte Plinsen aussehen. Lustig und echt schoen.

Am 10. Tag war ich echt fertig frueh. Mir tat alles weh, vom Husten und geschlafen hatte ich auch nicht. Da dachte ich nicht, dass ich einen schoenen tag haben werde. ABER, dank Tabletten und Adrenalin ging es dann. Wir sind mit einem Helikopter auf einen Gletscher geflogen und dann von einem echt suessen Guide durch die Eislandschaft gefuert wuden. So richtig mit Spickes an den Fuessen und volle Montur an sachen. Aber die Farben und die Formen im Eis... Es war so schoen. Und der kurze heliflug war echt toll. Kann ich nur empfehlen.

Danach sind wir in ein Wildlifecenter, wo wir endlich mal einen echten Kiwi gesehen haben. Die sind schon lustig, aber Fotos waren nicht erlaubt. :(

Danach, voellig ko, sind wir wieder in einen heissen Pool gehuepft. Soooooooooo schoen. Nach der Anstrengung. Urlaub ebend.
Tag 11 haben wir an einem sehr schoenen See gehalten, wo sich die Berge drin gespiegelt haben. Irre. Dachte, so was gibt es nur auf Postkarten. Sind drum rum gelaufen und dann nach Queenstown gefahren. Da sind wir jetzt noch bis Samstag Frueh um 6.45 uhr. Dann geht es im Kayak.
Heute war relaxon und Postkarten schreiben. Morgen fahren wir mit einer Gondel den Berg hoch und dann mit kleinen Fahrzeugen wieder schnell runter. das wird lustig.
Ansonsten geht es den Rippen langsam besser, aber der Husten ist noch etwas nervig. Mal sehen, wann das besser wird. Aber es ist echt kalt und am Samstag soll es unter Null grad werden. Hab mir heute Handschuhe gekauft. :(
Sonst ist alles Gut und es geht mir gut. Ich geniesse die Zeit und kann kaum glauben, dass ich schon fast 6 Wochen weg bin. Irre.
So, ich hoffe ihr habt Spass beim lesen und ich freue mich auf Antworten.
Ich gruess euch alle ganz lieb und hoff euch gehts gut.
Wenn ich kann meld ich mich wieder, spaetestens am 18.5. kann ich wieder mit

Internet rechnen, denn dann ist die Tour zuende. :)
Bis dahin...
Habt Spass und geniesst den Sommer... :/
De Nic :)

18.5.13

Hallo ihr lieben,
Teil 2 der Neusseelandreise...
Erst mal, es geht meiner Rippe wieder besser und auch die Erkaeltung ist weg. FREU :) Aber danke fuer eure Besserungswuensche. Hat geholfen.
Am Tag 14 unserer Neusseelandtour waren wir in Queenstown shoppen und dann ging es mit der Gondel und einer Seilbahn auf den Berg hoch. Und mit Schahlen (aehnlich wie die Plasteschlitte, nur mit Raedern und Lenker) ging es 2 mal wieder runter. War echt lustig und hat richtig Spass gemacht, auch wenn es echt kalt war.
Tag 15 waren wir am Lake Manapoui und bekamen warme Sachen zum Kayak paddeln. Es war echt kalt, aber die Sachen hielten uns warm. Dann ging es los und wenn ich gewusst haette, dass wir 5 Stunden Paddeln muessen, dann waere ich nicht mit gekommen. Die

Landschaft war echt schoen, aber 5 Stunden paddeln... Nach 2 gegen den Strom hatte ich keine Lust mehr. Aber wir haben es geschafft. Bin stoltz auf mich. :)
Tag 16 hab ich uns frueh ausgesperrt. Das war echt doof, denn die Tuer ging auf, fiel aber dann zu und da ich den bloeder Knopf gedrueckt hatte, war die Tuer zu. Das kann auch nur mir passieren. Da mussten wir eine Stunde warten, bis wir wieder rein konnten. Das war doof. Aber zum Glueck gab es einen warmen Raum. Denn es war ja kalt. Dann fuhren wir nach Wedderburne, im Nirgendwo. Dort lag Schnee am Strassenrand. :O Aber wir hatten ein warmes Zimmer.
Tag 17 waren wir frueh Curling spielen. Echt fun und eine tolle Sache. Hat richtig Spass gemacht. Aber in der halle waren - 5 Grad. Da war es richtig Warm, als wir in die 5 Grad draussen kamen. :)
Dann machten wir noch eine 3 Stunden , 30 km, Radtour. Auch was feines, aber anstrengend. Wobei es besser war, als die 5 Stunden Paddelen. War eine schoene Landschaft. Auch 2 dunkle Tunnel gab es da. War gruselig.
Tag 18 sind wir nach Christchurch gefahren. Echt krass, da waren die Spuren vom Erdbeben im Feb. 2011 noch sehr doll zu sehen. Die

Stadtmitte war komplett zerstoert. Echt irre. Da haben wir dann in einem alten Gefaengnis uebernachtet. Auch echt interessant. Da kamen 4 neue Leute dazu, nachdem uns 3 verlassen hatten.
Tag 19 waren wir in Kaikoura. Das ist ein sehr kleiner, aber niedlicher Ort an der Westkueste. da gibt es nur eine Strasse, aber unsere V. sagte, dass es auf der Secend Street (zweiten Strasse) Geschaefte gibt. Und wir sind losgelaufen, haben eine Frau getroffen, die Fragte wo wir hin wollen und ich sagte, auf die zweite strasse. Da meinte Sie, es gibt doch nur eine. :) Die geht um die Ecke und ist aber noch die eine. Lustig.
Da hab ich auch Hummer gessen, aber fand ich jetzt nicht so gut. Wuerde keine 40 Doller dafuer ausgeben.
Tag 20 sind wir an Seeloewen vorbei gefahrebn und haben einen Stop gemacht um sie zu beobachten. Die sind ja so suess... :)
Als wir dann auf die Faehre sind hab ich meine Flaschenpost abgeschickt. Mal sehen, ob sich irgendwann mal jemand meldet. :) Ausserdem haben wir an dem Abend Abschied gefeiert. Es war der letzte Abend in der Gruppe. Nach 20 tagen schon echt traurig. Da waecjst man schon

zusammen. Allerdins waren wir mit 20 anderen leuten unterwegs, das war anstrengend.
Tag 21 waren 9 Stunden Autofahrt. Und abends Abschied feiern. :(Da waren wir nur noch 8 von 15. Und da mussten wir uns von V. und den anderen vera\bschieden. Echt komisch.
Nunh sind wir wieder in Auckland in dem selben Zimmer wie vor 3 Wochen. Aber wir konnten die letzte Nacht echt mal schlafen. FREU.
Allerding ist es so frustrierend, wenn man seine Waesche in die Maschiene tut und sie dreckiger raus kommt, als man sie rein getan hat. Mir fehlt die Waschmaschiene, gutes Toilettenpaipier und Geschirrtuecher die abtrocknen. Es ist schon komisch, was man vermissen kann.
So, das erst mal von mir. Ich danke fuer eure Antworten und werde mich das naechste mal bei euch wieder persoenlich melden. Muss jetzt ins Bett. Morgen geht der Flug nach LA. Da ist es warm und sonnig. FREU.
Ich denk an euch und drueck euch. Ich meld mich.
Alles Liebe.
Nic :)

21.5.13

Hallo aus Los Angeles in den USA... :)

Ich bin gut gelandet und hiermit sende ich euch meinen Bericht der ersten 2 Tage. :)
Also, wir waren lange unterwegs, um hier her zu gelangen.
Wir sind am 19. Mai 13:15 in Auckland Neuseeland gestartet und am 19. Mai um 13:20 in Los Angeles gelandet. Jetzt konntet ihr sagen, das ist ja echt lange, aber es liegen 19 Stunden zwischen den Orten. Das ist ein Jetlag sag ich euch.
Wir sind 3 Stunden nach Fiji geflogen, da hatten wir 6 Stunden Aufenthalt und dann ging es 10 Stunden uebers grosse Wasser. Das war ein sehr wackliger Flug mit vielen Turbulenzen, aber wir sind heil angekommen, alles gut. :)
Mein Rucksack wiegt inzwischen 22,3 kg. :O Es waren mal 19,2 kg. Aber nun waren Sand, Steine, Souveniers und Buecher mit drin. Aber trotzdem ganz schoen viel. Abe rich musste ihn ja nicht her tragen. ;)
Also sind wir gestern, gegen 13;20 Uhr in LA gelandet. Wir haben auch nur 1 Stunde und 10 Minuten fuer die ganzen Sicherheitskontrollen geraucht, was fuer America echt schnell ist. Ich hatte schon 3 Stunden Kontrollen. Daher, Super.
Dann suchten wir uns einen Shuttlebus zum Hotel.

Es war ungefaeh eine Stunde Fahr, wobei wir andere Leute an verschiedenen Hotels abgesetzt haben.
Unser Hotel ist ok, aber ich hatte mir mehr erhofft. Allerdings geht es schon, fuer 6 Naechte und billigen Preis. Ist ok.
Doppelzimmer und eigenes Bad, das ist schon Luxus.
Damit wir in den Rhythmus kommen, haben wir uns bis 22 Uhr wach gehalten. Wir sind nur eine Runde durch die Strassen gelaufen und waren in einem Supermarkt einkaufen. Da wir keinen Wasserkocher oder eine Kueche haben, kauften wir wieder gesuenderes Essen. Brot, Aufstriche und Gemuese und Obst. Anstatt Instantnudeln und Mc Donalds. Es ist hier billiger als in Australien und so koennen wir uns das hier auch leisten. :)
Dann hab ich echt gut geschlafen, so gegen 23 Uhr. Bis ich 2:30 Uhr aus dem Schlaf gerissen wurde. Es gab einen FEUERALARM. Ich dachte ich traeume, den Hannah reagierte erst gar nicht. Ich sahs im Bett und asl ich sie fragte, ob sie das auch hoerte, da sagte sie ja und so stand ich auf. Aber grade als ich stand, da ging der Alarm aus. ich sah auf dem Gang nach und im Treppenhaus. Kein Mensch. Wir sind im 8. Stock und ich hatte schon echt Panik. So mitten

aus dem Schlaf gerissen und um 2:30 Uhr im frenden Hotel. Das war echt krass. Aber Hannah meinte, es war nichts und wir sollten weiter schlafen. Ich brauchte echt lange und war erst beruhigt, als ich wieder andere Leute draussen hoerte. Das kann man doch nicht machen. Mitten in der ncaht einen Fehlalarm. Aber da war wohl jemandem langweillig. Solche Fehlalarme gab es auch in Auckland, allerding in einem anderen Hotel in der Naehe von uns. Ich will das nicht mehr haben. Aber grade als ich hier sahs und schrieb, da war wieder ein kurzer Fehlalarm. Das ist echt nicht so lustig. wenn es dann echt ma was ist, dann reagiert keiner mehr. Ich hoffe es wird ruhiger.

Heute wollten wir zum Strand laufen, aber nach 3 Stunden sind wir wieder mit dem Bus zurueck gefahren, denn es haette uns weitere 2 Stunden gekostet da hin zu kommen. Warum sind die Angaben auf den Stadtplaenen auch so ungenau!? Naja, nun fahren wir die Tage mit dem Bus hin, das dauert so ueber eine Stunde! :)

Ausserdem haben wir bis 13 Uhr im Bett gelgen und sind erst gegen 15 Uhr los. Das heisst, wir mussen mal eher raus. Aber erst, wenn wir unseren Rhythmus gefunden haben und wir haben ja URLAUB.

So, dass erst mal von mir. Es geht mir gut und ich denk an euch. Es sind schon 7 Wochen rum, krass wie die Zeit vergeht. :O
Ich drueck euch und hoffe es geht euch gut.
Bis bald...
Nic

22.5.13

Hallo ihr Lieben, ich schon wieder... :)
Hier im Hotel ist Internet frei und ich bin schon wach, was heisst, ich hab Zeit und Lust euch zu schreiben. Und da nur eine Mail (danke S.) zum Beantworten war, schreib ich euch halt noch mal! :)
Also, bei uns ist es jetzt 22. Mai um kurz nach 11 Uhr Vormittags. Ich bin schon am Schreiben, weil wir mal wieder einen FEHLFEUERALARM hatten. Es ist echt nervig und macht keinen Spass mehr. Um 9 Uhr wurden wir aus dem Schlaf gerissen. Und das, wo wir doch noch mit unserem Jetlag zu tun haben und froh sind, wenn wir schlafen koennen. Naja, so waren wir mal wieder wach und sind mal zu unserem schon bezahlten Continentalfruehstueck gegangen. Es gab Waffeln, Muesli, Tee, Kaffee, Saft und Milch. Besser als nix und halt schon bezahlt. Und was soll man machen, wenn man

nicht mehr schlafen kann!? Und nun sitze ich hier und war froh, dass mal jemand bei Facebook online war. FREU :)
Da alles geschrieben und nun noch eine Nachricht an euch.
Dann gehts vielleicht mal zum Walk of Fame, wenn der mit einem Bus zu erreichen ist.
Es ist irre, wie gross LA ist. Da braucht man mit dem Bus schon 1 1/2 Stunde zum Strand. Und wir wollten laufen :) Wie gut das wir umgedreht sind, waeren jetzt noch nicht da! :P Aber es war schoen. Waren am Santa Monica Pier. Da wurde Baywatch gedreht und noch andere Serien. Schon cool da, aber das Wasser war doch noch recht kalt.
Gestern war hier in LA Buergermeisterwahl. Da waren viele Fehrsehuebertragungswagen da und es flogen viele Hubschrauber rum. Heute ist es hoffentlich wieder ruhiger. Eric Garcetti ist jetzt neuer Buergermeister und hat versprochen, die Strassen hier sicherer zu machen! Mal sehen...
Sonst ist noch nicht viel weiter zu berichten.
Ich hoffe es geht euch gut und freue mich auf Antworten! Muesst aber nicht! ;)
Noch was Schlaues zum Schluss:
Nimm dir Zeit fuer die kleinen Dinge im Leben, daraus entsteht oft was Grosses!

Bis bald und Liebe Gruesse an alle!!!
Nic aus LA Californien :)

25.5.13

Hallo aus LA,
diesmal das vorerst letzte mal, da morgen die neue Tour startet. Da kann ich euch erst mal nicht so viel berichten, aber danach dann wieder. :) Also so in 8 Tagen etwa. Daher, keine Sorgen machen, es geht mir gut. :)
Was war noch so los hier?! Ich war ja am Santa Monica Pier, dass hatte ich euch berichtet.
Am Mittwoch waren wir auf dem Walk of Fame. Der ist echt so lang!!! Es gibt da ungefaehr 2100 Sterne und wir haben 4 Stunden gebraucht, bis wir ALLE abgelaufen sind. Irre. Aber es ist schon wie im Fernsehn. Eine lange Strasse und viele Verkleidete, die fuer Fotos Geld haben wollen. Und natuerlich auch viele Schoene und Reiche.
Dann waren wir am Donnerstag auf dem Rodeo Drive, in Beverly Hills und auf dem Sunset Strip. Es ist nicht so toll, wie ueberall beschrieben wird. Finde ich. Es war eine lange Strasse mit Geschaeften und so. Nichts besonderes!?
Und es dauerte auch eine Weile, so um die 60 Minuten, bis wir mit dem Bus da waren.

Heute waren wir uns einen Park ansehen und auf dem Broadway. Auch viele Geschaefte und so. Hab mir ein Kleid gekauft. :) Fuer nur etwa 6 Euro. :) Aber schoen.

Ansonsten hab ich jetzt grad wieder gepackt, da es ja morgen wieder weiter geht. Und ich bin echt froh, dass wir aus dem HOTEL weg kommen. Es ist so nervig. Wir hatten ebend den 6. FEUERALARM!!! Wurden 3 mal von dem bloeden Alarm geweckt. :((Es ist unfassbar. Wenn ihr nach LA kommt, meidet das CECIL HOTEL. Es ist nicht so schoen, wie es von Aussen aussieht!!!

So, dass erst mal aus LA. Ich hoffe es geht euch gut und ich meld mich in ein paar Tagen wieder!

Seid alle lieb gegruesst!!!

Bis bald!

Nic

2.6.13

Hallo ihr lieben...

Mir gehts gut und die Zeit vergeht wie im Flug.

Es ist schon wieder eine Woche rum und die letzte Tour ist auch schon wieder Geschichte.

Wir haben soooooo viel gesehen, jeden Tag woanders geschlafen und hatten keinen

Feueralarm mehr. Der letzte war dann noch 3 Uhr in der Frueh am Samstag des Auschecktages. Echt nervig.
Egal, vorbei.
Also, wir sind noch mal Los Angeles abgefahren und haben noch mal einiges geshen. Allerdings fehlt uns der Scxhrifftzug von Hollywood, aber da war kein rankommen. Naja, ist auch nur ein Wort.
Dann ging es durch viele Nationalparks.
Wir waren im Yosemite NP, der ist sooo schoen, die landschaft ist echt irre.
Auch in Dessert Valley waren wir, das waren es ueber 35 Grad und es ist der tiefste Punkt in Nordamerika, mit 86 m unter Meeresspiegel. Und sooo heiss.
Dann waren wir auf einem Berg und haben einen al;ten Gletscher angesehen. Auch echt schoen.
Am Dienstag waren wir in Las Vegas. Eine irre Stadt, die hat mehr Hotelzimmer als ganz Europa zusammen. :O Da wisst ihr bescheid.
Es war echt wie im Film und ich hab auch gespielt. Leider hatte ich kein Gluck. ich hebe fuer 31 Doller gespielt und habe beim Black jack 27 Doller gewonnen. Also nur einen Verlust von 4 Doller, das geht noch. :)

Dann sind wir mit einer echt Krassen Limo gefahren. das war eine Hummerlimo und die war locker 10 m lang. Wir waren zu 14. in der karre und die war doppelt so lang. Es haetten also noch welche mitfahren koennen. Unglaublich. Damit sind wir durch die nacht gefahren und haben uns verschiedene Shows angesehen. Es wurde auch viel getrunken und da ich nichts trinke, durfte ich (bin ja Erzieherin) die 3 am meisten betrunkenen ins Hotel bringen, ALLEINE> Macht das mal, das ist schlimmer, als Kinder. Einer kotzte, die andere konnte nicht mehr laufen und die andere war total happy. Also bis auf die 2 Stunden nach Mitternacht war alles super. Dann kurz geschlafen, aber echt cool.

Ja, die Truppe war super und wir hatten viel Spass. Auch die 4 naechte im Zelt haben wir gut ueberstanden. Es war super, denn nun sind wir Weltmeister im Zeltaufbauen. In 10 minuten stand die Zeltstadt. das war super.

Nun sind wir in San francisco und haben heute in unser gebuchtes Hostel eingecheckt, aber es gefaellt uns nicht und so fahren wir schon am Dienstag weiter, als erst am Mittwoch. Ausserdem haben wir schon fast alles gesehen. Die Satdt ist echt schoen, aber sehr huckelig. Es geht immer nur Bergauf und -ab. Sind mit

einem Cabel Car gefahren und waren am Pier 39. Da liegen Seeloewen rum. :)
Sonst ist es jetzt wieder etwas kaelter, so mit um die 25 grad. ich weiss, bei euch ist es kaelter, sorry.
Wir muessen jetzt gucken, was wir dann machen, aber es ist echt alles teurer als gedacht. :(Mal sehen. Wir organisieren noch. ich werde euch berichten.
Erst mal gehts mir gut und ich hoffe euch auch.
Bis bald und liebe Gruesse!
Nic (noch 3 Wochen und 2 tage :/)

3.6.13

Hallo ihr Lieben,
Gott ich hab die Meldungen von Den Nachrichten gelesen und ich hoffe ihr sitzt alle im trocknen. Ich hoffe so sehr, dass es bald besser wird und ihr alle heil da raus kommt. Ich denk an euch.
Zu mir, wir koennen das Hostel morgen verlassen, juhu. Die Hygienischen Bedingungen sind echt unzumutbar. Auf jeder Etage mit mehr als 10 Zimmern und 2 bis 6 Bettzimmern gibt es nur 2 Toiletten und 3 Duschen. Aber die eine Toilette bei uns auf der Etage ist total verstopft. So kommt es, dass von ca 21.30 bis 22.30 Uhr

die Hostelianer durch die Etagen tiegern und ein freies Bad suchen. Das ist schon etwas lustig, wenn man nicht selber eine Hostelianer ist und ein freies Bad braucht. :(Und es ist echt dreckig hier, sodass wir in unseren Schlafsaecken schlafen und uns nicht grossartig ausbreiten, in unserer Schuhschachtel. Leute, Hostelleben ist nichts fuer mich.

Aber wir haben gestern in ueber 5 Stunden einen Plan erarbeitet und fleissig Busse und Hotels gebucht.

JUHU, wir haben einen Plan. :)

Morgen geht es nach Eureka, das ist in der Naehe vom Redwood Nationalpark und der ist frei, als nichts wie hin da. Da haben wir und ein nettes (hoffendlich) Hotel gesucht und gebucht. Dann geht es am Freitag bis Samstag (24,5 Std. Fahrt) nach Portland, auch da haben wir uns ein Hotel gesucht und gebucht. Da wird im Juni Rosenfest gefeiert und es soll da sehr schoen sein. Mal sehen.

Am 11. geht es dann nach Vancouver in Canada, juhu. Da haben wir noch kein Hotel, aber im Internet gibt es ein paar huebsche. Da finden wir noch was. Und dann wollen wir am 15. nach Seattle fahren, wo am 19. unser Flug geht. Aber ab dem 11. haben wir noch nichts

festes, aber wie gesagt, ist nicht so schlimm, finden wir noch.
Wir wollten eigentlich noch viel mehr machen, aber die Verbindungen sind nicht so toll und das Geld ist auch ne Frage und die Frauen am Schalter vom Greyhound Bus waren nicht sehr hilfsbereit. Das ist eigentlich unklar, denn sie muessten uns grade helfen, da wir doch die Leute informieren und so die Touristen nicht mehr kommen. Egal. Greyhound kann man am Besten ueber Internet buchen. das ist billiger und die Frau am Schalter bleibt euch erspart.
Naja, wir kommen schon alleine klar, auch wenn es einige Zeit gedauert hat. :)
Sonst in San Farncisco eigentlich ganz huebsch. Die Golden Gate Bridge ist echt lang und schon sehr beeindruckend.
Ich hatte vergessen zu schreiben, dass ich ja auch am Grand Canyon war. da haben wir beim Sonnenuntergang Pizza gegessen. Echt irre was die Natur so alles erschaffen hat. Das ist ein riesiger Krater und ein Fluss (der Colorado River) fliesst da durch. In dem war ich auch baden, in der Ncaht, echt schoenes klares wasser. :)
Ja, die Zeit vergeht und wir haben einen Plan. FREU :)

Ich halte euch auf dem Laufenden, wenn ich wieder freies Internet habe. ;)
Bis dahin denke ich ganz fest an euch und hoffe das Wasser geht bald zurueck. HALTET DURCH!!!
Ganz liebe Gruesse aus San Francisco
eure Nic :)

9.6.13

Hallo ihr Lieben...
Ich hoffe ihr seid alle heil aus dem Wasser raus gekommen und es sind nicht so grosse Schaeden entstanden. Hat sich ja echt schlimm angehoert.
Zu mir...
Ich bin nun in Portland. Nach einer 28 Stunden langen Reise.
Es ging von San Francisco nach Eureka. Das waren ungefaehr 7 Stunden in einem Bus. Nachdem wir wieder frueh einen Feueralarm hatten. Ich hab mein Zeug geschnappt und stand mit Strickjacke, Schuhen, Schlabberhose, zerzausten haaren, Knitterfalten um die verquollenen Augen und Rucksack vor der Tuer und ein Chinese erklaerte mir, dass es nur eine Fehlalarm sein, weil irgendjemand in der Kueche was hat anbrennen lassen. Gott, wie ich

das hasse... Es war Zum Glueck bloss 10 Minuten vor dem Weckerklingeln, aber das Weckerklingeln ist mir 1000 lieber, als von einem ALARM geweckt zu werden. Man eh... Aber Juhu, es hat nicht gebrannt. :)
Egal, es ging jedenfalls nach Eureka. Den Ort hat man in meinem Reisefueher weggelassen, weil er angeblich zu gefaehrlich sein. Aber das wussten wir da noch nicht. Es war ebend nah (eine Stunde mit dem Bus) zu den Redwoods und da wollten wir hin.
Eureke ist ein komisches Oertchen, mit vielen netten Leuten, aber auch Obdachlosen, Alkoholikern und Drogensuechtigen. Das Hotel war super, fuer das Geld und echt sauber. Nicht so, wie das in San Fran. Daher freuetn wir uns. Auch wenn wir erst in der Nacht 23 Uhr ankammen, mit ueber einer Stunde Verspaetung.
Den einen tag schliefen wir aus und erkundeten die Strassen 1-10 und C-H. :)
Es gab da echt schoene haeuschen.
Den anderen tag fuhren wir frueh zu den Riesen, alten Bauemen. Die sind schon echt beeindruckend und riesen gross. Einige davon sind Hunderte von Jahren alt und wir sahen den groessten der Welt. WOW...

Allerdings waren auch hier wieder die Entfernungen so gross, dass wir nach 3 Stunden immernoch nicht an dem Ort waren, wo wir hinlaufen wollten. Ein sehr netter Mann hat uns dann zum Riesenbaum gefahren und auch noch zu anderen schoenen Plaetzen. Er hat uns 4 Stunden durch den Park gefahren und wir erfuhren sehr viel ueber Land und Leute. Ein sehr netter mann mit seinem Schaeferhund James. :)

Dann hatten wir Muehe die Busstation zu finden und standen von 18.50 - 21 uhr an verschiedenen Plaetzen, bis wir endlich einen Bus fanden, der uns zurueck nach Eureka brachte, wo wir voelleig ko 22.15 Uhr ankamen. Es war kalt und nieselte, nicht so toll. Aber wir kamen zurueck. :) Und bestellten uns eine Pizza, bekamen 2 zum Preis von einer, da wir wahrscheinlich so bemitleidenswert und ausgehungert aussahen. :) Ich sag ja, sehr nette Leute da. Auch wenn die Kriminalitaet da am hoechsten ist, von Californien. Ich fand die Leute nett.

Gestern ging es dann los, auf nach Oakland, 6 Stunden in die falsche Richtung. Dann 2 Stunden nach Sacramento und dann 13 Stunden nach Portland. Die Leute im Buss waren auch echt krass drauf. Da war eine die

die ganze Zeit nur "Fuck" sagte... Alles war mit diesem Wort in Verbindung gebracht und jedes zweite Wort war Fuck. Das nervte 6 Stunden lang, aber was will man machen? Dann war da eine, die immer fragte, ob das auch wirklich der Bus sei, den sie wollte und der arme Busfahrer tat mir echt leid, aber er war sehr geduldig mit allen. Ein junger Mann sah sehr gefaehrlich aus, erzaehlte dann aber von seinem Leben und weinte dabei. Harte Schale weicher Kern. Man trifft Leute, irre... Das kleine Kind war noch am liebsten. Schlafen war auch nicht richtig, aber dafuer sparten wir eine Nacht im Hostel. Aber wenn ihr mal nach America kommt, bucht lieber Fluege, als Langstreckenbusse, speziell Greyhound!
Ich bin ko und froh, nun wieder ein Hotel zu haben. Allerdings ist das nicht so schoen, wie das in Eureka. Aber was solls. Haben nun auch Bus am 15.6. und Hotel fuer 4 Naechte in Vancouver gebucht und hoffe es wird schoen. Portland erkunden wir morgen richtig und dann berichte ich euch in ein paar Tagen wieder. Internet ist hier schlecht. Also, bis bald!!!
Hoffe es geht euch gut!!! Denk an euch... :)
Nic

14.6.13

Hallo ihr Lieben... :)
Ich hoffe ihr seid alle wieder trocken gelegt und keiner hat grosse Schaeden zu beklagen. Ich hab leider nichts weiter davon mitbekommen, ausser im Internet, da Amerika selber mit seinen Nachrichten zu tun hat und da keine Sendezeit fuer Deutschland uebrig bleibt. :/
Was die letzten Tage los war. Also, wir sind ja in Portland angekommen und haben dann 2 Tage die Stadt erkundet. Es war noch Rosenfestival und so war viel los auf den Strassen. Wir haben auch noch die Umzugswagen gesehen und waren auf einem grossen Markt und Rummel in der Stadt. Da waren wieder so nette Leute und so kamen wir fuer umsonst in den Rummel rein, sonst haetten wir 7 Doller bezahlen muessen. Aber es gibt nette Leute. Auf dem Rummel haben Hannah und ich dann unser eigenes Muskivideo gedreht. Voll lustig, die Koerper von Beoncy und unsere Kopfe drauf. So lustig und wir tanzen zu Single Ladys. :) Fuer 5 Doller mussten wir diesen Spass mitmachen. :)
Portland ist echt eine schoene Stadt, auch wenn wir in dem eher nicht so tollen Viertel waren. Das wussten wir aber nicht, als wir das Hotel im Internet gebucht haben. Aber wir sind da weg

gekommen und es hat auch kein Drogendealer und keine Prostituierte bei uns geklopft. Es war sehr ruhig und wir konnten auch schlafen. Alles gut. Und so schlecht war das Hotel auch nicht.
Nun sind wir in Vancouver und die Stadt ist so schoen. Vorallem kann man alles erlaufen und es gibt so viele schoene Souveniers hier. Waren im Stanley Park, an der Waterfriont und heute waren wir im Casino, aber haben nicht gespielt. Dann gehen wir noch in der alten Spagettifabrik essen. Haben extra einen Tisch reserviert, da es gestern so voll war. :)
Das Viertel wo wir jetzt sind, ist auch nicht das Beste, aber es geht und ist zentral. Unser Patricia Hotel ist klein und ganz ok. Das Zimmer ist eine Schuhschachtel und nur halb so gross wie das in Portland, aber wir sind da ja nur zum Schlafen. :)
Gestern haben wir dann auch endlich das letzte Hotel fuer Seattle gebucht und das war gar nicht so einfach. Aber wir haben eins gefunden und hoffen es ist schoen. Am 15. geht es dann mit dem Greyhoundbus (juhu, das ist immer ein Erlebnis) zurueck in die Sataten. Mal sehen wie die Grenzkontrolle ablaeuft. Die nach Kanada war echt easy. Aber wenn wir zurueck wollen... Mal sehen.

Da das Internet hier echt teuer ist, mache ich jetzt schluss und gehe gleich schick essen. :)
Ich meld mich, wenn ich kann, es kann aber ein paar tage dauern. Also, lasst es euch gut gehen und ich denke an euch. Bis bald!!!
Wahnsinn, nur noch 12 Tage... :(
Liebe Gruesse!!!
Eure Nic :)

17.6.13

Hallo ihr lieben,
juhu, freies Internet, aber nur 10 Minuten, daher muss es schnell gehen. :)
Vancouver war soooo schoen und teuer, aber es war toll. Wie haben viel eingekauft und waren ein mal richtig schoen und lecker essen. :) Die Old Spagetty factory war echt toll und es gab ein drei gaenge Menue. Salat, Nudeln und Eis. :) Wir haben extra einen Tisch in dem Wagon bestellt, da das restaurant immer voll ist. Auch so war es eine schoene Stadt und nette Menschen.
Ich bin nun in Seattle und es ist sehr schoen hier. Wir sind angekommen und wollten zu unserem Hotel fahren, da hat unser Taxifahrer gemeint, dass sein ein ganz schlechtes und weit entferntes Hotel, was wir nicht nehmen sollten.

Es sei auch ein sehr ungemuetliches Viertel. Und da wir unsere Glueck nicht ueberstrpazieren wollten, haben wir uns wo anders hin fahren lassen. Es ist ein nettes Hotel, einfach, aber es sind noch viele andere Hotels hier, auch ein Holiday Inn. Und es ist gut gelegen, am Flughafen. Aber es ist nicht so laut und wir sind mit dem Zug in 30 Minuten in der Stadt. Allerdins hatte ich Sorge, dass wir in dem anderen Hotel was bezahlen muessen, aber ich habe eine Mail bekommen, dass wir nichts bezahlen muessen und die Sortnierung angekommen ist. Phu... Also, alles gut. :)
Gestern waren wir an der Wasserfront und sind durch Downtown gelaufen. Heute wollen wir zum Turm, Spacenedle. Und auch noch mal durch die anderen Stadtteile. Es gibt viel zu sehen. Am Dienstag wollen wir noch zu den hausbooten, aus Schlaflos in Seattle. Aber das ist etwas weiter weg. mal sehen ob wir da hin kommen. Sonst geht die Zeit viel zu schnell rum. Aber ich freue mich auf so viele Sachen, dass es auch ok ist. :)
Am Mittwoch fliegen wir dann nach Stockholm. Ich werde mich evt. nicht noch mal vorher melden. Und in Schweden weiss ich noch nicht, wie die Internetlage ist. daher, lasst es euch gut

gehen und ich melde mich spaetestens, wenn ich wieder in Deutschland bin. Mal sehen. :) Ganz liebe Gruesse an alle und danke fuers fleissige lesen!!! ;) Und auch fuers antworten! :) Bis bald!!!Eure Nic :)

20.6.13

Hallo ihr Lieben,
dachtet ihr seid mich los, haha, falsch gedacht... :) Ich hab hier freies Internet und ich muss mich wach halten, damit ich dann später schlafen kann. Hab eine Nacht verpasst und ein 9 Std. Jetlag. Mal sehen, wie lange das anhält. Aber sonst sind wir gut in Stockholm gelandet und sind wieder in der europäischen Zeitzone. Das Wetter ist super. Um die 25 grad, genau richtig fuer eine Stadttour. Unser Hotel st so suess. Wir heben wie eine Schiffskoje, ohne Fenster und echt nur 2 Betten, nebeneinender und einen Tisch + einen Stuhl drin stehen. Aber die Gemeinschafftsduschen sind sauber, hab ich auch schon getestet. Aber ganz niedlich. Fuer 5 naechte. :)

Seattle war soooo schön. Wir haben uns am letzten Tag noch viel angesehen und das letzte Doller Geld ausgegeben. Angefangen haben wir mit einer Untergrundstadtfuehrung. Das war cool. Frueher war die Stadt tiefer gelegen, dann

kam eine Feuer und da bauten die Leute einfach auf die alten Grundmauern eine neue Stadt. Unten war dann Shopping, dann kam das wasser und die Ratten, dann die Obdachlosen und nun ist es eine Touriattraktion. So war das. Es stank schon etwas, aber es war sehr interessant.
Dann sind wir zum Lake union gelaufen und haben uns da umgesehen. Leider waren die Hausboote weit weg, so das wir nicht hingelaufen sind.
Aber wir haben uns dann noch eine Entenfahrt geleistet. (VISA, die Freiheit nehm ich mir ;) Und das war so lustig. Ein Amphybienfahrzeug das an Land als auch im wasser fahren kann. Echt cool. Da war ein sehr netter Fahrer, der mit verschiedener Musik, tollen Kopfbedeckungen und guter Laune echt Party in der "ENTE" gemacht hat. So sind wir mit Ententröten und lauter Musik durch die Strassen gefahren und dann in den Lake Union. Vorbei an dem schoenen Hausboot aus Schlaflos in Seattle. So schön... :) Das ist echt wie im Film. Ausserdem hat mir der nette Fahrer eine fante bezahlt, da ich so durstig aussah und kein Geld mehr hatte. ;) So viele nette Menschen, die wir getroffen haben. Echt toll.

Wir haben schon mal 50 Cent gesparrt, weil wir kein Wechselgeld hatten, im Bus. Und ausserdem sind wir, dank eine netten frau, die 2 Tickets uebrig hatte, frei in den Rummel gekommen (7 Doller gesparrt). Und natuerlich, nicht zu vergessen, der freie Gang durch den Japanies garden in Portland. Der ist eine der Attraktionen, aber sollte 9,50 Doller kosten. Und nein, ich hab einfach blöd geguckt und bin durch den Eingang. Hannah kam fragend hinterher und so waren wir einfach mal fuer nix im Garten drin. Ich mach so was eigentlich nicht, aber so schoen war der Garten jetzt nicht und wenn keiner kontrolliert, pech gehabt. :) So kommt man guenstig durch die Gegend! Dafuer hab ich einem Obdachlosen mein Essen gegeben, da es mir nicht schmeckt, aber ich hab was da gelassen. ;)
Nee, man erlebt schon sachen, sag ich euch.
Ja, nun sind wir an der letzten station angelangt und es ist schon komisch. Einrseits will ich echt wieder nach hause. Ich vermisse so viel, meine Lieben, eine Waschmaschiene, saubere Sachen, deutsches Essen, ordentliches Klopapier und duschen ohne Badeschuhe. Ja, aber andererseits will ich noch so viel sehen und erleben. Irre, aber so ist es. Wenn man ein mal mit dem Reisen angefangen hat, dann kann

man nicht mehr aufhoeren, das ist wie eine Sucht. :) Aber erst mal komme ich nach hause, damit ich mich dann wieder aufs Reisen freuen kann.
Morgen ist hier Middsommerparty, aber leider nur morgen und nicht noch am Wochenende!?
Aber die Stadt ist so toll, dass wir die Tage schon rum kriegen.
Da ich hier frei ins Internet kann, werde ich mich vielleciht noch mal melden, bevor ich wieder nach Hause komme. Am Dienstag, wow.
Ich hoffe die Unwetter werden nicht so schlimm und ihr koennet alle die Sonne geniessen. :)
Macht es gut und bis bald!!!
Die Nic :)

23.6.13

Hallo ihr Lieben,
hiermit sende ich euch, jetzt echt, die letzte Mail aus der Ferne. :)
Aber ich muss euch noch erzählen, wie die letzten Tage waren.
Stockholm ist eine sehr schoene Stadt und es gibt viel zu sehen.
Die kleinen Inseln, mit den huebschen Gassen, alten und niedlichen Häuschen, viele Schiffe und nette Menschen.

Wenn ihr mal nicht wisst, wo ihr in den Urlaub fahren wollt, Stockholm ist eine Reise wert. Allerdings ist es teuer. Aber sehr Kinderfreundlich, was fuer Familien wichtig ist. ;) Ich mag diese Stadt, allerdings ist mein Kopf leider nicht mehr so aufnahmefähig, daher beschränken wir uns auf Shopping und laufen durch die Stassen, weil Fahren schon teuer ist.
Das beste war aber, dass wir am Donnerstag Abend einen LIDL gefunden haben. :) So toll. Da gab es dunkles Brot, Lionerwurst und Edammer Käse. Ausserdem leisteten wir uns saure Gurcken. Ein Traum. ;)
Das war so toll und nach 12 Wochen nichts dergleichen, so lecker...
Am Freitag waren Hannah und ich gegen 3 Uhr wach. Juhu, Jetlag. :/ So hatte ich einen langggggen Midsommertag. Das hatte ich auch noch nicht, aber ich lag im Bett und draussen war es hell. Ich dachte es sei so gegen 8 Uhr, aber nein, es war 3.10 Uhr als ich auf den Wecker guckte. Nach 3 Stunden Schlaf war die Nacht also vorbei. So kam es, dass Hannah 3.30 Uhr fuer mich sang und wir im Kerzenschein Kuchen assen. :) Dann langen wir noch bis um 6 im Bett und liessen die letzten Wochen revue passieren. Gegen 6 Uhr gab es ein Wurstbrot und dann machten wir uns fertig.

So gingen wir um 10 nach 8 zum Fruehstueck. Um noch mal lecker zu essen. :)
Dann machten wir uns auf in die Stadt. Zum Midsommer feiern. Es war lustig, weil wir unsere Haltestelle verpassten und bis zum Ende fuhren, um dann wieder bis zur richtigen Haltestelle zu fahren. Schwedisch ist eine echt lustige Sprache und wenn die Schweden reden, klingt fast jede Haltestelle gleich. Aber wir fanden uns. Wir gingen in einen niedlichen Park, wo schon viele Familien und Menschegruppen verteielt auf der Wiese sassen und picknickten. Es gab eine Buehne und Festzelte wo wie eine Flohmarkt war, Essen verkauft wurde und Spiele fuer die Kinder gemacht wurden. Auf der Buehne war ein Akordionspieler, der Schwedische Volkslieder spielte. Es war ein buntes Treiben. Dann wurde eine Art Baum aufgestellt und es wurde drum herum getanzt. Echt lustig, eine Art Ententanz, aber es ging um einen Frosch. :)
Also es dann etwas frischer wurde fuhren wir noch in einen anderen Park, der kostete aber Eintritt. :/
Dort gab es auch viele Buden und Veranstaltungen. Ausserdem einen Zoo und eine alte Farmstadt und Museen. Es war ganz schoen, aber das Geld nicht ganz wert. Egal.

Dort im Park traff ich dann auf eine Schulfreundin, die ich seit einem Jahr nicht mehr gesehen hab. Sie wohnt in Chemnitz und wir traffen uns, durch Zufall, in Stockholm. Die Welt ist echt ein Dorf. ;)
Gestern haben wir (war 6.30 Uhr wach :/) uns die Stadt zu Fuss angesehen, man kann hier echt vieles erlaufen. :)
Und zum Abend traffen wir dann noch mal meine Freundin und ihre Reisebegleiterin. Es war ein schoener Tag und ich hoffe heute und morgen wird auch noch schoen. :) Das Wetter geht so, um die 20 grad und bewoelkt. Der Wind ist immer mal kalt, aber es ist schoen hier. :)
Heute war ich auch wieder um 4 wach, dann kurz vor 8 und gegen 9.35 Uhr sind wir aufgestenden. So kamen wir auch noch zum Fruehstueck. :)
Morgen heisst es dann, das letzte mal packen. :/ Wahnsinn...
So, genug von mir.
Ich hoffe ihr habt auch eine schoene Zeit und ich danke euch, fuers lesen und antworten. :)
Ich schreibe euch dann noch mal, wenn ich wieder in Deutschland bin.
Bis dahin (jetzt echt)!!!
Seid ganzzzz lieb Gegruesst!
Die Nic :)

28.6.13

Hallo ihr Lieben,
nun wieder aus Dresden. Es ist WAHNSINN, wie die Zeit vergeht. Bin nun schon wieder 3 Tage zu Hause und ich kann es immernoch nicht fassen.
Es ist so komisch. Einerseits alles vertraut und doch irgendwie alles anders!?
Die 2 restlichen Tage in Stockholm haben wir alles Geld, was wir noch hatten, in Souveniers umgesetzt. Da gab es sooooooo viele schöne Dinge. :)
Sonst haben wir nicht mehr viel geschafft, wir haben uns zwar einiges angesehen, aber uns fehlte die Kraft und die freie Speicherkapazität im Kopf, um noch mehr aufzunehmen. Aber es war schön und ich habe jeden Tag genossen. :)
Die Rückreise verlief auch ohne große Probleme. Und auch im Flugzeug haben wir überlebt, trotz Reihe 13. ;)
Dann ging es im Bus von Berlin nach Dresden. Und schon am Flughafen begegnete uns die Heimatsprache "Sächsisch" und es war toll.
Wenn man es eine Weile nicht gehört hat, dann klingt es schon erst mal wieder komisch, aber wir freuten uns. :)

Als wir dann in Dresden ankamen, sollte uns mein Bruder abholen, aber als ich ausstieg kam meine Mutti und sogar Oma und Opa, mit Blumen und einer Deutschlandfahne, an. :) Da war ich kurz überfordert, aber ich freute mich riesig. :) Das war eine schöne Überraschung. Leider hat es geregnet, sodass wir nicht viel Zeit im Freien verbrachten und Oma und Opa sich erst mal wieder verabschiedeten. Mein Bruderherz kam dann am Abend, sodass ich auch ihn sehen konnte. :)
Ich wollte eigentlich meine Mutti auf Arbeit überraschen gehen, aber sie hatte sich für mich frei genommen. :) Ja, meine Lieben. :)
So konnte ich erst mal ankommen und mich sortieren. Ich genoss eine Dusche ohne Badeschuhe, ordentliches Toilettenpapier, es gab Kartoffeln mit Quark (FREU), ich kuschelte mit der Mietze, ich meldete mich bei allen zurück und verteielte Mitbringsel an meine Lieben. Außerdem lief die Waschmaschiene und ich fand es sooooooooo toll, als ich aus der Dusche kam, FRISCHE SACHEN an zu ziehen. :) Ich stellte mich vor meinen Schrank und schnüffelte erst mal, sooooooooo toll.
Und auch die erste Nacht (2.30 Uhr in Stockholm aufgestanden, 22 Uhr in Dresden ins Bett) war so schön. MEIN BETT!!! Ein Traum.

Allerdings hatte ich, als ich in der Nacht kurz wach war, Probleme mich zu erinnern, wo ich jetzt war. Auch dass keiner neben mir lag war komisch. Aber ich hab mich, nach mittlerweille 3 Nächten wieder daran gewöhnt. :)
Sonst habe ich die 3 Tage schon wieder viel zu tun gehabt. Hab meine beste Freundin auf Arbeit besucht, bei Oma Opa Mittag gegessen (Gemüseeintopf) und angefangen, Fotos zu kopieren, aber es wird noch eine Weile dauern.
:/ Außerdem musste ich einges klären, wegen Versicherung, Bank und neuer Arbeit.
Am Montag gehts wieder los und ich freu mich schon, aber es wird auch wieder erst mal komisch sein. War gestern da und das Team macht einen netten Eindruck, daher gucke ich erst mal und bin guter Dinge. ...
Wird schon werden. :)
Hier sind abschließend und zusammenfassend ein paar Zahlen von meiner Reise:
Tage: 87
meine Fotos: 6610 (Hannah noch mal so viele oder mehr!?)
Flugkilometer und Stunden: 40.389 km in 39,75 Std.
Fahrtkilometer (nur im Bus =Berlin/DD, Tour und Greyhound): 12.960 km
verschiedene Betten und packen: 45x

Rucksack: 19,4 kg auf 22,8 kg
Fehlfeueralarm: 10x
Regen am Tag: 20x
Mails an euch alle: 17 + diese = 18
nette Mensche getroffen: ganzzzz viele
Und seid ihr bereit für die Summe, die ich ausgegeben hab!?
Ausgaben insgesamt: ... JEDEN CENT WERT!!!
Erfahrungen und Spaß: UNZÄHLIGE und UNBEZAHLBAR
So, dass war nun die letzte Mail zu den 3 Monaten Weltreise. :(Ich danke euch ganz doll, dass ihr mich begleitet habt, ihr fleißig gelesen habt, ihr geantwortet habt und dass ihr mich unterstützt habt.
Und ganz besonders danke ich Hannah, die mich die 3 Monate ertragen hat. Auch wenn wir unsere Macken haben, wir hatte eine super awesome Zeit und ich danke ihr, für die vielen schönen Erlebnisse und vorallem den schönen Midsommartag! :) DANKE!!!
Ich weiß noch nicht, wann die nächste Reise startet, aber ich werde es euch wissen lassen, wenn ich wieder aufbreche. Wird aber noch etwas dauern! Hab erst mal 6 Monate Probezeit und keine Urlaub. *grins* :D

Bis dahin hoffe ich, dass ihr es euch gut gehen lasst und wir in Kontakt bleiben.
Es hat Spaß gemacht und ich verabschiede mich hiermit erst mal.
Seid ganz lieb gegrüßt und alles Liebe! Eure Nic :)